2016年黑龙江省经济社会发展重点研究课题（外语学科专项）（WY2016004-A）
2015年度黑龙江大学杰出青年科学基金项目（人文社会科学类）（JC2015W4）成果

动态平衡视域中的英语将来时助动词意义研究

A STUDY ON
THE MEANINGS OF ENGLISH FUTURE AUXILIARIES FROM
THE PERSPECTIVE OF DYNAMIC EQUILLIBRIUM

姜涛 著

内容提要

本书通过挖掘语法化、语境和认知3个引起意义变化的主要因素，借助后格赖斯语用学的平衡语义学理论，构建“动态平衡”意义的解释模式；从古英语时期、中古英语时期、现代英语时期和当代英语时期4个阶段解释英语将来时助动词的意义及其发展，并诠释当代英语中将来时助动词同现现象中的意义关系。

图书在版编目(CIP)数据

动态平衡视域中的英语将来时助动词意义研究／姜涛著.—上海：
上海交通大学出版社，2018
(当代外语研究论丛)
ISBN 978-7-313-18526-6

Ⅰ.①动… Ⅱ.①姜… Ⅲ.①英语-助动词-研究 Ⅳ.①H314.2

中国版本图书馆CIP数据核字(2017)第302209号

动态平衡视域中的英语将来时助动词意义研究

著　　者：姜　涛
出版发行：上海交通大学出版社　　地　　址：上海市番禺路951号
邮政编码：200030　　电　　话：021-64071208
出 版 人：谈　毅
印　　制：当纳利(上海)信息技术有限公司　　经　　销：全国新华书店
开　　本：710mm×1000mm　1/16　　印　　张：10.25
字　　数：210千字
版　　次：2018年3月第1版　　印　　次：2018年3月第1次印刷
书　　号：ISBN 978-7-313-18526-6/G
定　　价：68.00元

谨以此书献给我的母亲郭荣珍女士

前言

语言意义是语言学研究的核心问题和基本问题，关于英语将来时助动词意义的研究中心也从结构和形式转向意义。语言具有动态性，语言也具有平衡性。本书认为，意义是一个“动态平衡”的语言现象，当句法因素、语义因素和语用因素达到平衡的时候，交际的确切意义才能被人们所知晓。

本书通过挖掘语法化、语境和认知3个引起意义变化的主要因素，借助后格赖斯语用学的平衡语义学理论，构建“动态平衡”意义的解释模式；从古英语时期、中古英语时期、现代英语时期和当代英语时期4个阶段解释英语将来时助动词的意义及其发展，并诠释当代英语中将来时助动词同现现象中的意义关系。

本书的主要结论是：①从语义—语用界面角度，可以构建“动态平衡”意义的解释模式。②语法化因素、语境因素和认知因素是引起英语将来时助动词意义变化的主要原因。③英语将来时助动词意义同时包含语义和语用成分。从语义角度看，一个默认的表示将来时的意义始终存在，在语法化的过程中呈现由弱到强的变化过程；从语用角度看，说话人通过动力情态意义、道义情态意义和认识情态意义表达对话语事实内容的态度，比如不确定性、确定性、模棱两可和可能性。④英语将来时助动词经历了连续的、动态的语法化过程，并在古英语时期、中古英语时期、现代英语时期和当代英语时期表现出比较稳定的平衡态意义。⑤当代英语中存在英语将来时助动词的同现现象，同现结构中 shall、will、be going to 的主观性依次递减，距离主要动词近的词发挥助动词作用，体现将来意义；距离主要动词远的词，则更多地体现情态意义，从而达到情态意义与将来意义的平衡。

本书得以顺利完成首先要感谢我的博士后合作导师李洪儒教授。四年来，无论何时，不管他自己的工作有多忙，他总是有求必应，对我进行细致地指导。在整个报告的撰写过程中，无论是开题、提纲的拟定，还是中期，直到最后定稿，都凝聚着导师辛勤的汗水。导师广博的学识和宽广的学术胸怀让我敬佩，导师敬业的精神、关心年轻人成长的热情更加让我感动，他是我工作和学习中的榜样。

我要衷心地感谢黑龙江大学外国语言文学博士后流动站的各位领导和专家，是您们给我提供了如此优秀的科研环境；我要感谢张家骅教授、邓军教授、郑述谱教授、孙淑芳教授、吴丽坤教授、彭玉海教授等，是您们一次次认真阅读我的开题报告、中期审查以及报告的终稿，为我提出了宝贵的意见；我还要感谢俄语学院的孙超院长和曲亮老师，是您们细致的工作作风让我得以顺利地出站。

四年来，学校和学院对我的关心、同门姐妹对我的鼓励、上海交通大学出版社对我的帮助，这一切都让我有动力、有信心坚持下去，在这里我要真诚地道一声感谢！

最后，我要感谢我的挚爱亲人，丈夫和女儿让我在艰难的科研道路上依旧可以感受到爱的温暖；母亲在我在站期间身患重病，但她始终面带微笑与疾病作斗争，她让我学会了坚强；父亲和妹妹一直无微不至地照顾母亲，为我分担了太多太多，他们让我体会到了亲情！

感谢一切！

姜 涛

于黑龙江大学格致园

2017年9月10日

目　录

绪　论

语言意义是语言学研究的核心问题和基本问题。国内、外语言学界研究英语将来时助动词的中心也从结构和形式转向意义。

1. 研究依据

什么是意义？不同语言学流派有不同的解释和说法。目前，英语将来时助动词意义研究主要集中在以下两个方面：一是各个助动词意义之间的差异，二是同一个助动词的各个义项之间的关系。相应的研究方法大多借鉴英语情态动词意义的研究，可以分为多义观和单义观。

1）英语将来时助动词意义作为研究对象的确立

综观国内、外相应研究的历史和现状，英语将来时助动词意义研究还有很多有待回答的问题。此处，仅列举本研究直接涉及的5个：

(1)在英语将来时助动词意义构成中，哪些因素属于语义范畴，哪些因素属于语用范畴？

(2)在英语将来时助动词意义构成中，将来意义因素与情态意义因素是何种关系，它们以何种状态共存于每一个意义中，两者之间如何相互影响？

(3)从历时角度看，英语将来时助动词在语法化过程中，其意义如何变化，语境和认知两种意义因素如何发挥作用？

(4)从共时角度看，英语将来时助动词的各个义项之间存在何种关系，是否是一个连续统？

(5)按照英语语法规则，英语将来时助动词需要与动词原形搭配使用，这一使用规则的发展历史是如何形成的，是否存在英语将来时助动词共现现象？在共现现象中，助动词之间的意义关系如何？

迄今，学术界还没有就以上问题获得明确、权威的结论。本研究旨在找出以上问题的共同特征，即“动态平衡”，将其作为解决英语将来时助动词意义问题的切入点，把以上问题纳入同一个解释框架，分别解释各英语将来时助动词意义和英语将来时助动词同现现象的意义关系。

2）语言动态性

语言的动态性、静态性及其相互关系一直是理解语言本质时的一个有争议的问题。语言的静态观由来已久，对近代语言研究影响颇深。Saussure 指出，“变化永远不会涉及整个系统，而只涉及它的这个或那个要素，只能在系统之外进行研究”（Saussure 1983：127）。他认为语言系统是共时的、静态的，这是语言的本质，也是语言研究的主要方面，具有系统和原则意义。Chomsky 虽然批判 Saussure 的结构主义语言学观点，但他的理论本质上也将语言看成一种静态系统，将语言的运用看成语言规则的现实填充，体现出明显的静态性和共时性。

与 Saussure 共时语言观不同，本研究认为无论过去、现在还是将来，语言总在发生变化，这种变化就是语言的运动，即语言的动态性。“任何变化都是寄之于时空的”（于根元 1999：95），语言的时间和空间的改变也会产生差异。从宏观角度看，社会因素导致语言发生改变，如地域方言、社会方言、洋泾浜语和克里奥语的出现。“用变性是语言最本质的动态属性……动态有‘用动’和‘变动’之分。用动是‘用’即‘动’，不用为静，这种动态是一种理论表述。变动是‘变’即‘动’，不变即静，这种意义上的动态是语言的一种客观发展模式”。（于根元 1999：96）从微观角度看，语言的动态性表现为语言系统的发展、变化，语音、词汇、语义、语法均会随时间和地点的改变而改变，并且这些变化相互影响，互为动因和结果。语义是语言构成的基本要素之一，语言的动态性同样体现在语义层面上。无论近代语法学还是现代功能语言学、语用学和语篇分析等领域的学者都探讨过语义的动态性。

本研究根据语言意义的动态性，勾画英语将来时助动词范畴和各英语将来时助动词语义的“用动”和“变动”机制，从共时角度探讨它们的意义构成因素和意义差异，从历时角度探讨其意义发展变化脉络。

3）语言平衡性

“平衡”有数学和物理两方面含义。从数学角度看，平衡是指相互对立的方面在数量上相等或能够相互抵消。从物理角度看，平衡是指两个或两个以上的力作用于同一个物体上，所有的力相互抵消，使物体呈现相对静止的状态。这两方面含义可以引申出哲学上的“平衡”，是对立双方暂时的、相对的统一状态，既可以是动态的，也可以是静态的。汪叶斌提出了5个平衡法则①，即平衡循环（平衡→不平衡→新平衡）、自我平衡（系统内部结构之平衡）、事物对称（系统与系统之平衡）、自然位置（系统与环境之平衡）和万物玄同（系统在一定环境下之平衡）。这五大平衡法则是宇宙万物普遍存在的客观自然规律，同样适用于哲学和人类的交际。因此，可以将“平衡”思想纳入语言系统和语义系统，跳出传统的语义研究思路，进而转向以人类概念系统、意义和推理的认知语义学为主的研究框架。

动态性是语言的主导方面，是功能态；静态性是语言的一种相对的动态，是运动相对平稳时的存在形式，即动态平衡。在我们的生活中，许多状态都处于平衡中，例如大气平衡、水平衡、物理平衡、化学平衡、生态平衡、人体体液的酸碱平衡、人口发展平衡、贸易平衡、供求平衡等。换言之，平衡是物质系统在不断运动和变化情况下的宏观平衡。物质的动态平衡是指物质内部所有微观因素相对运动所出现的综合效果，是给外界带来的整体反映。同样，语言展现的静态表象是因为语言作为一个相对独立的系统，其内部组成范畴所做的相对运动，即产生的变化在相互抵消后所产生的综合变化并不明显。语言的动态平衡是相对的而不是绝对的，是运动的而不是静止的，是变化的而不是永恒不变的。同时，语言的动态平衡是语言内部自发调节的，是由语言内部的全部要素综合运动所产生的结果。宏观中存在着微观，微观中也有宏观影像。语言意义作为语言的一个重要组成部分，同样以动态平衡状态存在。

本研究认为，①词的各个义项都由许多因素构成并决定，如词汇原

---

① 汪叶斌．一般平衡论[M]．http://baike.baidu.com/link? url＝Nsc6Y_8vUZ3M6rjL0c3VkrGTqFwZGnfiRQaCTg Vd17uyEcYMxhnRxeuWxwW-_Keugiuv7d16pLyQu4rCwB9pBq

意、对句法的指向、语法化、语境因素和认知因素；②在某一语境中，词汇所具有的明确意义是以上各种影响意义的因素达到的一种动态平衡态；③语境的变化会打破某个或多个平衡链条，各因素会根据新语境的要求重新相互作用，达到新的平衡，从而产生新的义项。本研究认为语言研究要动静结合，从动态中发现语言的变化；从平衡态中观察语言现象，揭示语言规律。以上3个依据是本研究的3个创新思路。同时，本研究基于这3个依据，计划构建动态平衡意义解释模式，尝试回答目前英语将来时助动词范畴中存在的意义问题。

2. 研究目的与意义

本研究通过对国内、外相关文献回顾，揭示目前英语将来时助动词意义解释中存在的问题和原因，挖掘语法化、语境和认知3个引起意义变化的主要因素，从“动态平衡”角度出发构建意义解释模式，从古英语时期、中古英语时期、现代英语时期和当代英语时期4个发展阶段解释英语将来时助动词的意义，并对当代英语中的将来时助动词的同现现象中的意义关系进行诠释。

1)理论价值

本研究在语言观的探讨、语言本质的认识、语言应用研究的开展等方面具有一定的理论价值，同时在语言规范、语言习得等方面有较新的认识。

(1)丰富语言观认识

对语言新的认识会在一定程度上调整现有语言观。在一个稳定环境中，人们习惯将语言作为相对静止的对象来分析研究，动态语言观还未突显其重要性。语言观本质上体现着交际观，语言存在于交际之中并且为交际而存在，人们对语言的认识均以交际为出发点。“语言的生命就在于交际，交际功能便是语言的本质所在。人类的交际活动是一种动态的过程，语言本质上也是一个动态的现象。这是一种特殊的、复杂的社会现象，人们很难完全认识清楚。经过一代人接一代人的努力，今天我们对语言的认识是正确了一些。但是，对语言的认识并没有结束，必须继续探索。”(王希杰 1996:68) 本研究从动态平衡角度，观察英语将来时助动词意义在交际过程中的变化情况，在古老文献和英语语料库中选取语料，体现交际的真实性，该语言意义解释模式的构建将丰富并巩固目前的语言动态观。

(2)加深对语言存在状态的思考

语言是以什么方式存在和发展的？这是每一个语言研究者所思考的问题。本研究认为语言始终处于运动过程中，任何语言现象都处于一种过渡状态和中介状态。每种语言现象在实际交际发生之前都以前形式化状态存在在人的头脑中，在一定语境条件下，受到激发，出现在人们的交际活动中。随着时间、社会、文化等语言发展条件的变化，某些语言现象会逐渐退出人们的交际活动，甚至完全消失，这种推出可能是永久的，也可能是暂时的，在一定条件促使下，还有可能重新被激活并显现。本研究从这种动态角度观察英语将来时助动词意义的保留与改变，进一步证实语言的存在状态。

(3)本体研究与应用研究的协调发展

本研究既重视语言观和语言存在状态等语言本体问题，又将语言应用纳入研究范围。在意义解释模式构建过程中，考虑语义学、语用学、社会语言学、认知语言学、心理语言学等因素的共同作用；在例句的选取中，应用语料库语言学知识，力争做到本体研究为应用研究指明方向，应用研究证明本体本质与存在，本体研究与应用研究协调发展。

(4)突显语义—语用界面价值

意义的解释经过语义学解释、语用学解释、语义学联合语用学意义解释和语义—语用界面意义解释几个发展过程。尤其是语义—语用界面意义解释近年来有了突飞猛进的发展，成为语用学研究的主流之一，但研究中也有两点不足：首先，目前研究大都集中在“所言”的语义—语用界面意义分析，“所含”由语用因素决定已成定势思维；其次，目前研究多在理论探讨本身，理论是否具有强大的解释力和包容性，还需要对现实交际意义进行解释，进而验证。本研究拟弥补以上两点不足，在模式构建中考虑“所含”中的语义因素所发挥的作用，用真实交际中的英语将来时助动词例子证明语义—语用界面价值。

2）应用价值

（1）英语语法范畴应用

英语语法研究多年来注重语言的形式，对语法在现实交际中的功能强调不足，本研究在探讨意义问题的过程以及意义解释模式的构建过程中将形式与功能相结合，为其他语法范畴的意义解释提供思路。

（2）语言教学与语言学习应用

"平面语言系统的教学能给学生语言使用的知识，而交叉网络系统的语言教学主要是给学生语言交际能力。我们的语言教学要从前者扩充到后者，让学生既具有语言使用知识又具有语言交际能力。"（萧国政 1995：1）本研究从共时和历时、语法和功能、语义和语用多个维度构建一个交叉网络系统，为教师和学生展现一个动态语言存在状态，让教师在动态语境中教授语言，让学生在动态语境中学习语言和应用语言。

3）研究新意

（1）提出新问题

本研究在文献阅读的基础上，针对英语将来时助动词的意义提出以下新问题：英语将来时助动词意义构成中，哪些因素属于语义范畴，哪些因素属于语用范畴，将来意义因素与情态意义因素是何种关系？两种因素以何种状态共存于每一个意义中，它们之间如何相互影响？从历时角度看，英语将来时助动词的意义在语法化过程中如何变化，语义意义因素和语用意义因素如何相互作用？从共时角度看，英语将来时助动词的各个义项之间存在怎样的关系，是否是一个连续统？

（2）提出新观点，构建新模式

本研究拟在多个语言二元界面中寻找平衡点，如动态—静态、共时—历时、语法—功能、语义—语用，并基于以上因素构建动态平衡意义解释模式，尝试性解释英语将来时助动词意义，为将该模式运用于解释其他语法范畴意义奠定基础。

（3）发掘新语料

本研究除了对各个英语历史时期中 will、shall 和 be going to 的使用进行语料收集，还要专门收集英语将来时助动词同现现象语料，而英语将来时助动词同现现象的语料在目前通用英语语料库中较少，均不超过 10

句，有的甚至只有一两例，而英语将来时助动词同现现象确实在一些英语国家存在，并且同现现象中各将来时助动词确实扮演着不同的意义角色，因此本研究在Google搜索引擎中进行搜索、辨认、提取，寻找典型例句，发掘实际应用中的新语料。

（4）实施新论证

本研究拟证明语言和语言意义是以动态状态存在的。所谓静态，是诸多因素达到平衡时的一种状态，是一种动态平衡。每种因素并不会因为平衡态而停止运动，而是在运动中寻找下一个平衡点。

3. 研究问题

本研究认为意义是一个“动态平衡”结构，只有句法因素、语义因素和语用因素达到某种平衡的时候，该意义才能被人们所知。每个助动词的意义都同时包含语义和语用成分。从语义角度看，一个默认的表示将来时的意义始终存在，但根据助动词的语法化过程可以看出，这种意义因素经历了一个从弱到强的变化过程；从语用角度看，推论性的情态意义，例如，动力情态意义、道义情态意义和认识情态意义，表达说话者对话语事实内容的态度，例如，不确定性、确定性、模棱两可和可能性。基于这样的观点，本研究着重研究以下问题：①目前国内、外对英语将来时助动词和语言意义的静态性、动态性和平衡性的研究现状；②系统梳理有关英语将来时助动词意义的相关理论；③从语义-语用界面的角度，构建动态平衡意义解释模式；④分析影响英语将来时助动词意义动态性的主要因素；⑤从古英语时期、中古英语时期、现代英语时期和当代英语时期分析英语将来时助动词意义发展的动态平衡过程；⑥针对英语将来时助动词的同现现象，分析两词的意义如何达到动态平衡。

4. 研究方法

1）应用语料库

对于当代英语的分析，例句主要选自BNC语料库，该语料库中书面语与口语并存，语料来源广泛，大部分为20世纪后期英式英语，具有时代性，语料库词容量超过1亿，其中书面语语料库9000余万词（主要从区域性和全国性报纸、适合各年龄段和各种兴趣人群的专业杂志和期刊、学术专著和通俗小说、发表和未发表的信件和备忘录、学校论文中提取语料），口语语料库 1000 余万词（主要从自发的非正式谈话、正式的商业或政府会议、广播节目和电话连线中转写并提取语料），具有代表性和权威性。

2）定量定性结合法

对古英语和中古英语的分析，本研究主要采用定量与定性相结合的方式，针对当时最著名的著作，如《贝奥武夫》、《波伊提乌》、《坎特伯雷故事集》、《莎士比亚十四行诗》，进行统计，为英语将来时助动词意义类型进行定量分析，为本研究的信度和效度提供双重保障。

3）平行比较法

为了更好地观察英语将来时助动词意义的动态发展，本研究拟从古英语时期、中古英语时期、现代英语时期和当代英语时期 4 个阶段平行分析、比较将来时助动词的意义，展现不同，发现规律。

5. 论文框架

本书共分为六部分。

第一部分绪论部分从选题依据、研究的目的和意义、研究问题、研究方法等方面进行论证，证明本研究的必要性和可行性。

第二部分是文献综述，针对本论文的两个关键词：意义的动态平衡性和英语将来时助动词意义进行了系统的国内、外文献梳理，发现其中的规律与特点，找出本研究与其他相关研究存在的差异以及优势。

第三部分是理论基础，对本研究将要涉及的理论进行阐述，剖析英语将来时助动词意义的由来、构成因素，以及主要的意义观，讨论意义解释的界面观点，阐释意义的动态性以及平衡性。

第四部分从语义——语用界面的视角，构建动态平衡意义解释模式。引进新兴的平衡语义学，对比它与其他后格赖斯语义——语用意义解释模式之间的区别，突出其优势和解释力，再针对平衡语义学融入语言动态性因素，最终构建成动态平衡意义解释模式。

第五部分是本文的核心部分，本章首先分析影响英语将来时助动词意义动态性的主要因素，描绘出在语法化、语境和认知三个因素的影响下，英语将来时助动词意义发展的动态平衡过程，再按照古英语时期、中古英语时期、现代英语时期和当代英语时期的顺序平行分析 will、shall 和 be going to 的意义。除了单个英语将来时助动词的意义发展是一个动态平衡的过程以外，本研究还认为，在英语将来时助动词同现结构中，两个英语将来时助动词意义之间也存在着动态平衡规律。

第六部分结论对全文进行了总结。

1　文献综述

本章将针对意义的动态平衡性和英语将来时助动词意义两个方面进行系统的国内、外文献梳理，对比静态语义学、动态语义学和平衡语义学目前的研究现状，综述英语将来时助动词意义的有关研究，证明构建动态平衡意义解释模式，并将其应用于英语将来时助动词的意义解释的可行性。

1.1　意义的动态平衡性研究现状

国内外对于意义本质的讨论一直非常热烈，通过分类及整理，大致可分为语义的静态、动态和平衡 3 个视角。

1.1.1　国外研究现状

在 20 世纪 60 年代晚期，Montague 创建了形式语义学，也称为逻辑语义学，在美国、英国、德国等国家得到了空前的发展，主张通过静态的方法研究语义，由于对于句子语义的理解与分析是静态的，又被称为静态逻辑语义学。由于静态语义学的局限性，八九十年代，意义研究开始从静态向动态的转变，这给意义的理解带来了深远的影响。目前，动态语义学研究已成为意义研究的热点和重要研究方向。

1.1.1.1　静态语义视角

静态语义分析方法有其优势，就是描述语义特征的时候不用考虑任何特殊的情况。传统上，语义学包括对内涵和外延所指、真值条件、语篇分析，以及以上内容与句法学之间的关系，因此在静态语义研究中主要遵循两条脉络，一条是蒙太古语法，另一条是塔斯基真值语义理论。

Montague认为，既然Chomsky的生成语法证明了句法结构之间的组合关系，即有限的大脑功能可以说出无限的符合语法规则的句子，人们运用有限的句法规则，不断地组合创立句子。那么，说话人能够理解无穷多的句子的意思，还能够理解并表达他从未接触过的句子，也一定存在一种有限的语义组合机制，指导人们意义的表达，“一个表达式的意义是由其组成部分的意义通过合乎语法的组合方式得到的”（Partee 2004：153）。因此，Montague将句子的意义分解为句子各个部分的意义以及组合关系，得到逻辑谓词，运用真值理论模式（truth theory models）最终将意义与含义共性相联系，这种意义生成方式成了70年代以后思维语言假说的基础。但是，蒙太古语法也因词义中无法依靠语境产生变化的局限性受到了阻碍，同时也为动态语义发展留出了空间。

Montague的理论高度形式化，普通研究者很难理解，1975年Partee在《蒙太古语法与转换语法》一文中对蒙太古语法的分类引起了语言学界的关注，号召人们在形式语义学的研究中要遵从自己的意愿进行研究。Dowty、Wall和Peters于1981年出版了权威的《蒙太古语义学导论》。

1969年，生成语义学代表Donald Davidson和Gilbert Harman将逻辑与语言哲学研究相结合，并于1972年出版了《自然语言语义学》，囊括了Montague、Partee、Lewis和Stalnaker的思想，将静态语义学推向了巅峰。

传统形式语义学所暴露出的问题是语义的解释仍然停留在句子层面，语义的描写是静态的、封闭的。然而，话语是动态的，在时间、语境以及人的认知因素作用下，语义的解释是开放性的。因此，可以用动态观点来弥补传统形式语言学的不足，重新审视话语的意义生成过程。

1.1.1.2 动态语义视角

从80年代初，动态意义研究便引起了学界的广泛探讨，其中涉及的重要问题是：动态语义学是否是从静态语义学转变而来的？如果答案肯定，这种转变涉及意义的哪些方面？何种因素导致了这种转变？这种转变如何被衡量？动态语义观的倡导者认为语言意义的动态描写比静态描写更具充分性，其解释力更大，动态意义理论发展的合理性，甚至是必然性，已经超越了60年代晚期至70年代早期的形式语义学思想和来自逻辑学和哲学传统中的意义真值条件概念。

Kamp(1981)在《真值理论与意义表征》一文中提出了话语表征理论的框架，并指出真值条件强调话语与外部事物之间的指称关系，除了意义的真值条件以外，还应依据心理学、语言学和人工智能构建出说话者在头脑中所形成的表征结构，由于表征结构和真值条件这两个概念来自不同的学科领域，因此一直被分开来研究。话语表征理论的目的就是将意义的真值概念与表征概念结合，将语义解释分为两个阶段，当理解一段会话或者文本时，听话人或者读者首先建立一个关于内容的表征形式——话语表征结构(Discourse Representation Structure，简称 DRS)，包括谈论的内容、涉及的事物，以及各种信息是如何联系到一起的。然后，为该话语表征结构赋予真值条件，完成语义的理解。话语表征理论对意义的分析采用信息逐渐递增的方式，将分析单位从句子成分和单个句子扩展到整个句子序列，将第一个句子或第一个成分的分析结果视为第二个句子或第二个成分的分析输入，这是一个动态的、更新性的分析方法。除了 Kamp 之外，Asher(1986，1989)和 Zeevat(1989)将话语表征理论视为态度理论的结构模式，并作了进一步的阐释。Geurts(1999)发展了对态度和情态的话语表征理论分析，为态度描写的话语表征结构提供了真值条件。

Heim 在 80 年代初构建了文档变换语义学(File Change Semantics，简称 FCS)，该语义学中的话语表征被称之为"文档"①，用静态的真值条件语义学解释"文档"表征，得出意义，从而重构意义理论。"基本上，我所建立的语义学模式包括以下假设：语言的语法在各个分析层面生成具有表征的句子，其中包括逻辑形式层面。每个逻辑形式视为一个'文档变换潜势'(file change potentials)，即从一个文档进入另一个文档的函数。此外，(语义理解)系统还包括为'文档'赋予真值条件，逻辑形式本身并

① Heim 将人们的会话过程隐喻为记文档的过程，在听话人理解说话人的过程中，话语开始前，文档是空白的，当说话人说出一句话语后，听话人开始按照话语中出现的不定名词个数创建文档个数，并在文档上添加相应的话语内容，当再听到一句话语时，如果没有出现新的不定名词，听话人只需在上一个文档中更新本话语所涉及的内容，如果出现了新的不定名词，听话人则需要重新建立一个文档，因此人们的话语理解过程可以被看作是信息的建立与旧信息的更新的一个动态的过程，人们每说出一句话语，文档将发生一次改变，不符合当前话语的内容将被剔除出去。

不被赋予真值条件。逻辑形式只是通过影响'文档'的间接方式与真值条件相联系。"(Heim 1983:169,2002:227)话语与传统形式语义学中的句子不同,话语是连贯的,前面的话语内容为后面话语内容提供成立的条件与语境,不符合当前话语的内容将被剔除出去,因此语义的解释是动态的、不断递增与更替的,话语中的命题被一个一个地添加到"文档"当中,从而实现对话语的完整理解。

Groenendijk 和 Stokhof1991 年提出动态谓词逻辑(Dynamic Predication Logic,简称 DPL),认为动态意义实际上是人类的行为类型,事物由于人引起世界的不同变化而富有个性,意义随着理解者接收信息状态的变化而变化。Muskens(1991)、Dekker(1993)、Vermeulen(1993)、Eijck(1994)、Groeneveld(1995)、Krahmer(1995)、Berg(1996)、Groenendijk et al.(1996)、Hollenberg 和 Vermeulen(1996)、Aloni(1997)、Beaver(1997)和 Muskens et al.(1997)都做了相关研究。

综上所述,动态语义学认为在传统的逻辑语义观点中,句子意义等同于真值条件,理解句子意义就是理解在何种环境下句子为真或者为假。语言意义的动态转向为语言意义生成的本质提出了不同的解释方式,他们的共性思想是动态性,强调随着时间的推移信息量的增长,一些文本或者语篇的意义表征可以作为新的信息更新目前的语境,认为句子意义的识别依靠它的语境变化潜势(context change potential),了解句子的意义就是了解语境是如何变化的,语义解释不仅仅依靠语境,也会创造语境。

语境的改变被视为信息的改变,语义解释可以视为信息更新的渐进过程。语境是一种信息状态,句子意义就是信息状态的更新。①信息通常是部分的,不完整的一组开放性的可能性集合。

1.1.1.3 平衡语义视角

平衡语义学可以被看成是动态语义学的进一步发展,平衡语义学建立的基础是情境语义学和博弈论,同时该理论以日常语言哲学学派和理想语言哲学学派为追溯点,从后格赖斯的视角重新定义语义因素和语用因素在意义中的关系,因此也是语用学的进一步发展。Parikh(1992)尝

① 文档变换语义学、更新语义学和动态语义学均持有该思想。

试应用博弈论解释格赖斯的会话含义，并于2006年在《哲学逻辑》上面提出了“激进语义学”(radical semantics)，论证博弈论对格赖斯会话含义的贡献，解释了消除歧义、语义饱和、概念构建、相关性、自由扩充和含义推论等语言现象，最终 Parikh 和 Clark(2007)提出了平衡语义学(Equilibrium Semantics)这一概念，诠释了实现语义平衡的句法、规约、信息和流动4个约束条件，并在2010年《语言与平衡》一书中完善了该理论，形成了后格赖斯语义学和动态语义学领域的新的意义解释框架。

博弈作为获得平衡的手段在语义学的研究中也有很大发展。Robin Clark(2007)认为自然语言涉及多层次的策略选择，从语义、句法层面到社会语言学、心理语言学和历史变化等层面，因此，他将博弈论应用到诸多语言现象的解释过程中，例如量词、词汇提取、语言描写、级差含义、礼貌性、规约形成以及关于决策产生的神经科学等等。Ahti Pietarinen(2013)通过追溯格赖斯对语言意义的划分，分别论证了博弈论与语义学和语用学的关系，提出了影响博弈活动的三种语境，证明了并不存在语义-语用差异。Stalnaker(2005)、Jäger(2007)和 Ross(2006)也分别从格赖斯的视角、语用推论视角和双向优选论视角应用博弈论对语言意义进行描述。

1.1.2 国内研究现状

1.1.2.1 静态语义视角

国内对于静态语义的研究始于蒙太古语法理论的引进与诠释。宁春岩的《蒙太格(Montague)语法》(1982)、方立的《〈蒙太古语义学导论〉评介》(1986)和詹晓宁的《蒙太古语法评介》(1986)首先将蒙太古其人及其理论思想引入中国，并引起了巨大的反响。方立阐述了蒙太古语法的真实条件语义学、模型论语义学和可能世界语义学三方面性质，尤其真实条件语义学和可能世界语义学在以后的哲学视角和语言视角的语义研究中成为主流；邹崇理的《蒙太古语义学简介》(1993a)、《逻辑、语言和蒙太古语法》(1995a)、《MG及其发展的评价》(1995b)和《自然语言逻辑研究》(2000)讨论了蒙太古语法的逻辑和语言的基础，为静态推导语言的部分意义和整体意义提供了帮助。

在注重描写语言静态意义的蒙太古语法成功引进后，国内出现了大量应用蒙太古语法描写汉语以及其他语言现象的论著。邹崇理的《一个运用蒙太格语法与广义量词方法分析汉语量化词组的部分语句系统》(1993b)和《MG与GQ[①]理论对自然语言限定词的研究》(1995c)、崔佳悦和满海霞的《蒙太语法框架下的汉语被动句分析》(2014)、张昕和陈小平的《用蒙太格文法解决汉语语义悖论》(2001),以上文献均能证明蒙太古语法的解释力和适用性,是处理语法、语义和语用的典型方法,尤其在语义学方面独树一帜。

蒙太古语法对于语言信息的处理具有逻辑性、客观性、可计算性和静态性等特征,陆汝占和靳光瑾在《黄昌宁、林杏光主持:"信息处理用语言理论讲话"第六讲——蒙太古语义学》(1995)一文中首先进行了研究。近年来由于大数据概念的兴起,人们对于人工智能和其中的语言信息处理研究产生了浓厚的兴趣,自然语言的形式化和语言信息加工的原理及过程成为研究的热点。王荣波的《一种基于规则转换的机器翻译方法初探》(2004)将蒙太古语法、范畴语法和内涵逻辑相结合,形成汉语句子形式化的方法,证明该方法在英汉机器翻译中的作用;王善平的《蒙太古语义学在文献信息组织和检索中应用的探讨》(2014)证明了Montague对于分析受控自然语言的优势,及其对机器翻译的指导意义。

静态语义研究的基础是真值问题,尽管Tarski是Montague的老师,但由于蒙太古语法在国际上所引起的巨大反响,使得对Tarski的真值语义学的引进和研究反而晚了几年。朱水林的《塔斯基的语义学》(1987)、《关于塔斯基的T型等值式》(1990)和《塔斯基的真理论》(1991)将塔斯基的《形式语言中的真理概念》及其核心概念T型等值式首次引入国内。随后人们逐渐对语义的真值问题进行评述,汪希的《塔斯基真理论的意义》(1993)、陈晓平的《真之收缩论与真之膨胀论——从塔斯基的"真"理论谈起》(2013)对于Tarski的理论进行了系统的分类。通过文献的阅读和分类整理,可以发现,国内对于语言静态的真值问题的研究还比较有限。

---

① Barwise和Cooper等人提出广义量词理论(the Generalized Quantifier Theory),即GQ理论用来描述自然语言中多样化的限定词,既简洁又能体现出语义共性。人类语言中的数量关系是语言研究的一项重要任务,除了数学中的数字以外,自然或社会现象中也存在着各种各样的数量关系,例如"所有学生"、"大多数家庭"、"很多"、"一大半"等等。

1.1.2.2 动态语义视角

动态语义学研究在中国起步较晚，最初的研究主要是对动态语义学及其相关理论的引进与诠释，进而讨论静态语义学与动态语义学之间的区别，以及这种动态转向的必然性。潘海华的《篇章表达理论概说》(1996)探讨了传统的形式语义学理论所存在的问题，即注重对单个句子意义的处理及其真值的验证，且是静态地描述一个句子的意义，在处理时态、代词所指和无定名词短语的解释时受到局限，从而引出篇章表述理论①；邹崇理的《话语表现理论评述》(1998)、《逻辑、语言和信息》(2002)和《逻辑和语言研究的交叉互动》(2009)对话语表现理论进行了介绍，尤其探讨了该理论所体现出的逻辑、语言和人的认知3者之间的关系。方立的《逻辑语义学》(2000)和《动态意义理论：逻辑语义学的继续发展》(2006)，指出了经典逻辑语义学在处理话语和驴子句照应关系上的困难，从而引进了E—类照应理论、话语表达理论和文档变换语义学；文卫平和方立的《动态意义理论》(2008)对话语表达理论、文档变换语义学、动态谓词逻辑、情境语义学等经典动态意义理论进行了详尽地梳理；夏年喜的《从DRT到SDRT——动态语义理论的新发展》(2006)在话语表征理论的基础之上，指出Kamp提出的话语表征理论的不足之处，考虑话语融贯性最大化原则，进一步引进分段式话语表征理论；彭家法(2007)的《当代形式语义研究新进展——意义研究从静态向动态的转向》是该方面的代表作，他回顾了语境因素融入形式语义学研究的历史，深入挖掘了动态语义学的实质，介绍了动态语义学系统中的话语表征理论，区分了表达式意义和话语意义，最后总结出动态语义研究的基本概念和语义研究动态转向的深远影响。以上理论著述对国内动态语义研究的兴起和发展具有开创性。

目前，人们对于语义研究中的动态性已经普遍接受，因此后续的研究更关注如何应用动态语义学相关理论解释英语和汉语中的语言现象，一方面增强理论的解释力，另一方面对于以前存在争议的语言现象提供一

---

① 不同学者在引入DRT(Discourse Representation Theory)理论时，对其翻译略有不同，“篇章表述理论”、“语篇表达理论”、“话语表达理论”、“话语表现理论”、“话语表征理论”等，但所对应的理论都是相同的，本文作者个人论述部分采用的是“话语表征理论”这一概念，在文献综述中采用的是原著作者的译法。

种新的诠释思路。彭建武的《动态概念语义学对隐喻的逻辑——哲学研究》(2001)主张运用经验层面的动态识解方法重新讨论隐喻的意义;高芸博士的《从SDRT的视角探析汉语话语结构的修辞格式》(2011)应用分段式话语表征理论,把修辞关系引入话语的逻辑形式,将汉语修辞结构的描述和动态语义学结合起来;范博文在《从驴子句看语义学的动态发展》(2013)一文中以回指结构驴子句为切入点,发现仅仅依靠静态的可能世界不能全面解释驴子句,于是引入语义动态理论,对比分析了话语表征理论和情境语义学,对驴子句分别进行分析。

1.1.2.3 平衡语义视角

目前,国内对于语义平衡问题理论层面和应用层面的探讨均较少,根据观察语义的不同角度,平衡语义思想主要有3种研究视角:平衡视角、博弈视角和应用视角。

平衡视角主要研究语义中的平衡态究竟是如何创立并保持的,袁毓林在《汉语词义识解的乐观主义取向——一种平衡义程广泛性和义面突出性的策略》(2014)一文中在语义范围和语义侧面之间寻求平衡性策略,建立新的汉语词义识解方法。林晓凤在《"平衡"意象图式及其语义建构——基于语料的英汉对比研究》(2013)一文中从认知语言学视角揭示语义建构的机制,将平衡概念引入空间意象图示,并将"平衡意象图式"细化为轴平衡图式、点平衡图式、天秤平衡图式和均势平衡图式,还发现了两个汉语特有的"平衡意象图式":匀速直线运动平衡图式和绕轴匀速运动平衡图式。姜涛在《平衡语义学:引进与诠释》(2013a)和《后格赖斯语境论的新发展:平衡语义学》(2015)两篇文章中,引进并诠释了平衡语义学思想,讨论了平衡语义学与其他后格赖斯语境论观点的异同以及对后格赖斯语义学的发展。

博弈论来自经济学领域,博弈是实现平衡的手段,在语言研究中,博弈双方,即交际双方,通过博弈策略的较量,最终实现相互理解的平衡和意义的平衡。王晋秀在《博弈论关照下的矛盾修辞法认知析解》(2013)一文中运用博弈论模型描述矛盾修辞法生成过程,即局中人平衡对立、策略打破平衡、形成效用最佳的固定支付函数,充分体现出由平衡到打破平衡到再次平衡的博弈思想。近年来,将逻辑与博弈思想相结合,用博弈的方式来确定语句的真值，进而影响并生成语义的相关研究也逐渐增多。陈招万的《多值逻辑与语义赋值博弈》(2008)首次证明了多值逻辑的博弈语义与塔斯基语义是等价的，并对经典逻辑进行了语义赋值博弈解释。戴细华的《多值逻辑语义博弈》(2006)和《逻辑系统中的语义博弈》(2008)介绍了一阶逻辑、命题逻辑、模态逻辑中的语义博弈。尤其是郭贵春在《中国社会科学》上面发表了《博弈论语义学的方法论特征及其意义》(2012)确立了博弈论语义学在语义学整体研究中地位，即这是一种“动态的、语用的和语境基础上的语义学研究方法”。

应用视角的研究主要是应用平衡语义思想和博弈论语义学思想来解释具体的语言现象。姜涛在《英语将来时助动词意义研究——平衡语义学视角》(2013b)一文中尝试运用平衡语义思想来解释英语将来时助动词意义问题。游珈的《试论谚语中存在的语义平衡》(2008)区分了语义静态平衡和语义动态平衡两个概念，并运用两个概念分别对汉语的谚语进行了语义生成过程的诠释。在承认语义平衡的同时，也有学者提出不同观点，观察语义变化的不平衡性。王群在《试论“才”和“就”语义变化的双向性和不平衡性》(2005)一文中认为“才”和“就”的语义具有系统性，各个义项之间有着密切联系。现代汉语副词“才”和“就”的语法意义有同有异，这是由“才”和“就”语义发展的双向性和不平衡性造成的。

根据国内语义研究的走向来看，语义研究经过了静态研究阶段和动态研究阶段，平衡语义研究视角是动态语义研究的进一步发展，并将静态语义与动态语义相结合，因此采用平衡的视角来重新观察语言意义，是未来语义研究的一个崭新的领域。

就目前国内、外关于意义问题的研究的著作来看，学者们已经敏锐的观察到了单纯的、静态的句法和语义对于句子解释的局限性，从动态的视角来重新看待语言的意义有其必要性，但是将语言的动态性绝对放大，又很难观察语言的变化及其中体现出来的性质，此时就需要借助哲学概念和语言哲学思维，从而确立对于语言意义研究的方法论——动态平衡思想。

1.2 英语将来时助动词意义研究现状

英语将来时助动词的研究经过了从形式向意义的转变过程，但国内、外相关研究的侧重点仍然存在很大的差异。

1.2.1 国外研究现状

国外对于英语将来时助动词意义的研究主题与国内的研究相近，确切地说，国内的研究思路是沿袭国外研究发展脉络的，国外的相关研究更早地观察了英语将来时助动词在历史发展、认知因素和语义-语用因素作用下的变化发展。

重叠模式（the Overlap Model）的提出标志着英语将来时助动词语法化过程中意义变化脉络呈现清晰性特征，主要的代表人物是 Pullum & Wilson（1977）、Marchese（1986）、Coates（1983）、Craig（1991）、Heine（1992，1993）。以 be going to 为例，学者们普遍认为，英语将来时助动词经历了从实义动词概念向语法概念的过渡，并经历了 3 个主要阶段：第一阶段，be going to 的含义是身体运动的本来意义；第二阶段的意义具有模棱两可的特点，当补语为名词时，助动词表现为实义动词原意义，当补语为动词时，则表现为将来时意义；第三阶段突显将来时意义，be going to 成为时态表达方式，即将来时标记，从第一阶段到第三阶段反映了英语将来时助动词意义发展的历史过程。

国外对于促使英语将来时助动词意义产生、变化的认知因素的研究非常丰富。学者认为人们认知体系中的概念转移（conceptual shift）、依存性（dependency）、侵蚀（erosion）、范畴化（categorization）、重新分析（reanalysis）和解释（explanation）均对英语将来时助动词的意义有影响。Bybee（1985）描绘了在英语将来时助动词语法化过程中，人们如何将世界概念化，并内在地表征抽象的概念。英语将来时助动词意义产生过程中的多种认知因素均被深入探讨，例如隐喻原因（Heine et al. 1991；Bybee et al. 1994；Sweetser 1990）、一词多义原因（Hopper and Traugott 2003）和主观化原因（Visconti 2006）等。

从语义学和语用学的视角重新观察英语将来时助动词意义的相关研究在国外相对丰富。关于 will 的意义来源于时态体系、情态体系，还是介于两者之间引起了学者们的激烈探讨（Fleischman 1982；Enç 1996；Werth 1997；Ludlow 1999）；有学者从事件语义学（Event Semantics）角度，将 will 划入情态动词的范畴（Parsons 1990；Kamp and Reyle 1993；

Pratt and Francez 2001)，从而凸显英语将来时助动词的情态意义；Jaszczolt 将语篇表征理论与默认意义理论相结合，根据人头脑中意向性的本质属性，及其与语用意义的对应，得出结论，即 will 的不同意义来源于不同的意向等级(Jaszczolt 2003:43-48)，Jaszczolt 的研究将英语将来时助动词意义中的语义因素与语用因素有效地融合在一起。

1.2.2 国内研究现状

国内对于英语将来时助动词意义的研究主要集中在 3 个方面：英语将来时助动词在语法化的过程中，其意义的发展与演变，以及情态意义因素在整体意义内部所发挥的作用；人们对英语将来时助动词范畴的认知；在英语将来时助动词的意义构成中，语义因素有哪些？语用因素有哪些？二者的关系如何？

英语将来时助动词属于虚词类，必然要经历语法化过程。张万禾和石毓智的《现代汉语的将来时范畴》(2008)对英汉将来时助动词的演变与发展进行了对比研究，通过对现代汉语的广泛调查，得出结论，认为汉语中也存在着大量表达将来时的手段，并分析得出这些将来时表达手段的认知特点和将来时助动词意义生成的普遍性规律。石毓智和白解红在《将来时标记向认识情态功能的衍生》(2007a)和《将来时的概念结构及其词汇来源》(2007b)两篇文章中探讨了将来时意义的概念结构，证明了将来时助动词从实义动词向将来时标记的语法化过程在多语种之间存在共性，人们可以通过运动变化来感知时间的发展，由于将来时所表达的事件还未发生，因此人们所表达的往往是预测、期望或者企图，这种词汇的语法化过程是规律性的，体现了人类对时间认知的本质。

针对人们对英语将来时助动词范畴的认知研究，徐章的《英语将来表达式的认知研究》(2010)、潘雪华的《英语将来表达式及其教学的认知研究》(2008)、安坤伟的《英语将来时间表达法的认知解读》(2007)的研究有一定共性，认为人们对时间的感知来自客观世界中事物的运动或变化，将来概念的语义特征在人类认知机制的作用下在将来表达式中进行映射。由于运动变化需要发生在一定空间之内，因此在对抽象的时间进行概念化的过程中，人们需借助隐喻这一认知机制，将“将来”概念进行空间概念的隐喻化，即进行空间概念向时间概念的隐喻投射，但“将来”时间和动作的发生是未知的，人们用将来表达式，实际是通过自己的认知来表达对将来的推测、打算、计划和安排等主观想法。

张权的《英语将来时间表达手段的时间结构分析及其语用解释》(2000)从语用学角度出发，对英语几种表示将来时间的语法手段进行时间结构分析，克服了以往语法学家从句法、语义等制约条件角度所进行的缺乏系统、纷繁复杂、无法杜绝例外的分析局面，给出一个系统的语用学解释。姜涛的《将来时助动词语义—语用界面意义研究》(2013c)应用后格赖斯语用学者 Jaszczolt 提出的默认语义学(Default Semantics)，将语义与语用因素有效融合，构建出统一的意义解释模式，解决了语义和语用意义相分离的问题，并尝试应用默认语义学意义解释模式对英汉将来时助动词语义—语用界面意义进行解释，同时验证理论的解释力与有效性。

本章小结

本章对国内、外相关文献进行的深入的研究。传统形式语义学更强调对语义进行静态的、封闭的描写。然而，话语是动态的，在时间、语境以及人的认知因素作用下，语义的解释是开放性的。因此，从动态角度来重新审视话语的意义生成过程成为一种思路。但是将语言的动态性绝对放大，又很难观察语言的变化及其中体现出来的性质，此时就需要借助哲学概念和语言哲学思维，确立对于语言意义研究的方法论——动态平衡思想。

近年来，国内、外对于英语将来时助动词意义的研究也非常丰富，研究的主题主要集中在英语将来时助动词意义在历时发展、认知因素和语义—语用因素作用下的变化发展。本研究尝试将以上诸多思路整合到同一个动态平衡意义解释框架中，对英语将来时助动词意义进行解释。

2 理论基础

典型的英语将来时助动词为will、shall和be going to，它们的意义具有一定特殊性和复杂性，因此获得了愈来愈多研究者的关注。第一，英语将来时助动词意义的发展符合语法化的特点，进化时间长，并且，意义变化较大，清晰地勾勒出3个助动词的意义发展难度较大；第二，英语将来时助动词的意义在语法化过程中融入了诸多因素，例如社会因素、文化因素、人的认知因素、情态因素等等，因此将来时助动词意义构成复杂多样，同一个助动词的多个义项之间差别较大；第三，除了较客观地表示将来的时间意义外，人的情态因素在将来时助动词的表达与理解过程中占据着重要的位置，并且“will、shall的双重意义，它们既能表示将来时间，也能表示情态意义；而且在许多情况下，其将来意义和情态意义很难严格区分”(章振邦 1980：6)。同时，如何科学合理地划分情态意义，并使之有效地运用于将来时助动词的意义分析中也是目前面临的一个难题。

2.1 英语将来时助动词意义

受英语语法研究历史的影响，将来时助动词意义研究一直遵循传统语义观，即句子意义可归因于句子本身的真值条件，不考虑语用因素。随着语用学理论的迅速发展，将语用机制与传统意义解释有机融合或许是一条有效途径。

2.1.1 英语将来时助动词意义的由来

助动词源自实词，在实词向助动词转变的复杂过程中，实词原有的语义、形态、句法，以及语音均会不同程度地发生变化，即语法化过程。

will 和 shall 与 be going to 的将来意义的起源不同，尽管最终都语法化为将来时助动词，各自所侧重的将来意义指向也不尽相同。针对英语将来时助动词的进化与发展，众多语言学家进行了考证（Bybee and Pagliuca 1987，Dahl 2000，Krug 2000，Poplack and Tagliamonte 2000，Hopper and Traugott 2003）。

据日耳曼语最早记载的语言表达形式，日耳曼语没有继承原始印欧语表达将来时的形式，而是通过助动词形式表达将来时。will 和 shall 均来自于古日耳曼语动词，属于古英语的“过去现在动词”（preterite-present verbs），这类动词具有过去时形式，但表达现在时意义（Hogg 2002：64）。动词 will 与名词 will 同源于古英语 willan，表达希望或欲望意义；动词 shall 原型为古英语 sculan/sceal，与古斯堪的纳维亚语 skal、德语 soll 和荷兰语 zal 同源，这些词汇均演变为各自语言中的助动词，表达将来或必要性意义。John Wallis[①] 对 shall 和 will 意义进行区别时将助动词与人称因素结合，影响了 17 世纪和 18 世纪众多语法学家的观点，“与第一人称搭配使用时，shall 表示预测，而 will 表达承诺或威胁。与第二人称和第三人称搭配使用时，shall 表达承诺或威胁，而 will 表达预测”（Kemp 1972：339）。

be going to/be gonna 语法化自 15 世纪开始，经历了复杂过程，语义变化众多（Hopper and Traugott 2003：2-4）。最初变化只发生在非常具体的语境中，即带有非限定性补语的目的趋向结构的语境中，并且句中无地点副词。目的性促使动作具有将来含义，be going 的目的性逐渐弱化，最终进化为表将来时的助动词 be going to，语态也由进行时变为近将来时（immediate future），经过语法化的重新分析（reanalysis），be going to 不再与具有目的性含义的动词搭配使用，be going to 的语义泛化，并出现典型的助动词演化过程中的语音弱化（phonological reduction）现象，going to 可由 gonna 代替。be going to 结构意义的发展过程为：空间意义→空间＋时间意义→时间意义。

综上所述，will 起源于古英语动词 willan，表达意愿；shall 来源于古

---

① 原书 *Grammatical Linguae Anglicanae* 为拉丁语，作者参照的是 J. A. Kemp1972 年的英译本 *Grammar of the English Language*（*Classics of Linguistics*）。

英语动词 sculan,表达义务和责任;be going to 从表示方向的行为动词 go(去)和介词 to 的搭配发展而来。

2.1.2 英语将来时助动词意义的构成因素

自 Aristotle 时期,语言交际主导模式即为语码模式(code model),交际的语码理论将话语视为编码信息,说话人将想要传递的信息按照语法等要求编码,传递出去,听话人听到语码,用相同方式进行解码,得到所传递信息。近些年,语境在交际中的作用凸显,语用学家 Paul Grice 指出,交际内容不完全依靠编码和解码,而取决于语用推理(pragmatic inference),交际双方有时传递的只是含义(implicature)。据此,词汇在历史发展中的语义变化有了新的解释,即"语境促动下的重新解释"(Heine et al. 1991: 71)。词汇除核心意义外,在特定语境中还可具有具体意义,并出现该语境中核心意义与特定语境意义的语义模糊现象,具体意义需依靠交际情境得出。经过时间的推衍和交际过程中的反复运用,当特定语境意义规约化(conventionalization)后,该意义的生成不再依附于原核心意义,由此,该语言形式拥有了两个意义,这两个意义成为同形同音异义形式(homonym)。

Fowler(1908)①认为 shall 和 will 的意义属于 3 个系统:①原系统(the pure system),shall 和 will 完全保留作为实义动词时的原义,二者并不是属于同一时态范畴,配合不同主语人称的词汇关系;②具有感情色彩的将来时系统,在说话人表达希望、意愿、威胁、保证、赞同、拒绝、承诺、允许、命令等情感的将来时或条件句中,第一人称用 will,第二和第三人称用 shall;③普通将来时系统,在普通将来时或条件句中,第一人称用 shall,第二和第三人称用 will。随着语言的发展,英语将来时助动词语法化过程基本完成,原系统意义逐渐弱化,普通将来时系统意义逐渐强化,由于它们源自主要动词(main verbs),因此无论与第几人称搭配,有时仍会反映出古英语时期的某些含义,shall 表达义务,will 表达希望或意愿。

be going to 最初的目的性含义仍然制约着助动词用法,be gonna 意

---

① Foeler 撰写的 *The King's English* 是关于英语将来时助动词意义最早,也是最为权威的阐释,该思想沿用至今,由于年代久远,本文作者没有购买到纸版书籍,本文参考的是在线版本,http://www.bartleby.com/116/213.html。

味着将来的意向、计划和安排。在语法化过程中，go相对具体的意义逐渐消失，比如运动性和方向性，融入了更为抽象的说话者的情态含义。“这些情态意义不是从将来意义发展而来的，而是对原意的保留。”(Bybee and Pagliuca 1987：118) 因此，各将来时助动词意义均包含双重因素——将来意义因素和情态意义因素。

Jaszczolt(2005)认为将来时所描述的事件指称都在“可能世界”(possible worlds)中，而情态表示说话人对有关行为或事物的态度和看法，认为其可能、应该或必要，因此二者没有质的区别。在对将来时助动词的意义进行解释的时候，认知默认(cognitive default)因素用来表达将来时助动词各意义之间的相似性，认知默认来自说话者心智的意向性，人们头脑中信息加工和指称的意向性是有等级的，这种意向等级导致了对将来时意义的不同解释。对事件最强烈的指称意向性引发对事件最强的肯定性，因而具有最弱的情态等级(degrees of modality)，反之亦然，事件最弱的指称意向性引发对事件最弱的肯定性和最强的猜测等情感，因而具有最强的情态等级。她认为在默认语义学(Default Semantics)中，将来时助动词没有意义上的模棱两可和不明确性，而是在各种用法中表达出情态的渐进变化。在此Jaszczolt引进Grice(2001)提出的“可接受性算子”(Acceptability Operator)①，ACC，作为“情态算子”(modal operator)来表达将来时意义的情态等级，用程度n来表达情态函数Δ，写作$ACC_{\Delta}{}^{n}e/s$，意思是：对于说话人来说，事件e或状态s的情态类型Δ和情态等级n是可接受的。

综上所述，将来时意义由将来意义因素和情态意义因素共同决定，且两者相互影响，共同发挥作用。在人的认知能力影响下，情态意义因素成为一个渐变的连续体，在不同的语境中，根据说话人不同的意向等级，体现不同的情态等级，再与将来意义因素相互融合，形成特定的语境意义。

---

① Grice(2001)从模态逻辑(modal logic)角度提出了情态意义统一理论——“不确定性命题”(Equivocality Thesis)。他认为情态由真值情态(alethic modalities)和道义情态(deontic modalities)构成。前者涉及情态的必要性和可能性，类似于情态意义理论中的认识情态(epistemic modalities)，后者涉及义务和道德标准。Grice认为真值情态和道义情态可以围绕一个概念中心——可接受性，得到统一。Jaszczolt接受了该观点，认为可接受性可以作为“情态算子”(modal operator)被引入默认语义意义解释模式中。

2.1.3 英语将来时助动词意义研究的基本观点

传统观点认为意义是头脑中的表征或是世界中特征、关系和规则的重构。在语言中，意义与形式相联系。针对英语将来时助动词意义，前人往往从单独的某一视角，或语义学角度，或语用学角度，或语法角度，或情态角度进行解释，各视角缺乏相互联系。语义意义和语用意义被截然地割裂开来，每个语境中出现的意义均罗列到该助动词的义项当中；还有学者认为各个英语将来时助动词只含有一个基本义项，并且该义项为唯一义项。目前，英语将来时助动词意义研究可以分为 3 个流派：多义观(polysemous view)、单义观(monosemous view)和平衡观(equillibrium view)。

2.1.3.1 多义观

多义观是以 Palmer(1979)、Coates(1983)、Huddleston 和 Geoffrey(2002)、Lyons(1977)为代表的观点，认为情态动词是多义的，每个词均表达两个或者更多独立的意义。多义观是基于语义学的一种观点，同时也是研究英语将来时助动词意义的传统观点。传统上，对英语将来时助动词或情态动词[①]意义研究基于许多不同的语言学理论，但其中有一个共性，即事先假设某助动词具有某种语义特征，从而得出一个义项，基于该假设类推出其他意义，并将所有义项纳入该助动词意义集合中。事实上，人们过多关注词汇意义的分析，而忽略将来时助动词所具有的句法意义——将来时含义，这是助动词在不同语境中不变的意义部分。

多义观在意义描述和解释上存在一定缺陷。它通过两种方式将意义组合到一起：一是将词汇意义深入复杂化(Leech 1974:26)，即将所有语境中出现的意义都囊括在义项集合中，该方式没有考虑到某些语境意义的偶然性和特殊性；二是将某些“惯用法”和“语用延伸”(pragmatic extension)(Palmer 2001:121-123)意义纳入义项集合中，该方式忽略了词汇的中心意义，因为某些惯用法中的词汇意义和经过语用延伸加工的词汇意义已经脱离了词汇本身的意义。这两种方式的描述充分性是以语义学和语用学的解释量为代价的，因此存在弊端。

---

① 很多早期的汉语语言学论著中没有提出助动词这一概念，而把这类词视为情态动词、能词、衡词或是副词，本文从意义研究角度出发，不涉及语类的归属问题。

同时，很多意义研究遵循格赖斯传统（Gricean tradition）——Grice的修正了的奥克姆剃刀（Grice's Modified Occam's Razor），即除非必要，意义不做多义解释（Grice 1989：47），如果运用多义观，则打破了格赖斯的意义解释传统。

2.1.3.2 单义观

单义观是以 Ehrman（1966）、Perkins（1983）、Groefsema（1995）、Klinge（1993）、Papafragou（2000）为代表的观点，认为将来时助动词和情态动词是单义的，各个义项均含有一个核心的、统一的意义，产生多种意义解释的原因是该核心意义与具体语境相结合，即语境的具体化的结果。单义观是西方盛行的一种解释将来时助动词或情态动词意义的语用学流派，目前以关联理论者 Anna Papafragou 为代表。她对情态动词意义解释采取"过度简单化"（oversimplification）原则，将基于"最简语义学"（minimalist semantics）得出的意义根据关联性原则进行语境扩充。她为英语情态动词意义建立了一个统一模式，情态动词的所有意义均从一个核心意义经语境扩充得出。目前国内语言学研究者还没有将该理论应用于英语将来时助动词意义的解释，只有少数学者如鲁晓琨（2004）和 Tsang ChuiLim（1981）在其论著中体现了一些单义观的思想，但尚未形成完整的解释模式。

2.1.3.3 平衡观

一个描写充分的词类意义解释模式应包含意义的核心因素和各意义之间的差别。英语将来时助动词的意义之间存在差异，但意义在多大程度上由不变的意义核心因素构成，在多大程度上是语用变体（pragmatic variants）？能否在独立于语境的词义和语境决定的意义之间划出清晰的界限？

Depraetere 和 Reed 认为，"如果你认为存在单一意义处理方式，那么该意义应提供较少的意义基础，意义基础在相当程度上被丰富，用以说明词汇的多个义项是如何通过语用方式得出的。多义观-单义观问题很重要，最终，人们基本是为了追求同样的目标：建立一个分类法，所有的意义都能找到自己的位置，并从不同方面对语义-语用进行区分"（Depraetere & Reed 2007：284）。Grice（1975）认为语用在一定程度上决定语义意义，关联理论认为由语境决定的语义比例更高。

既然多义观和单义观均存在解释力的问题，新的语言意义观必将出现。Prashant Parikh 在《语言与平衡》一书中指出，语义因素在意义解释过程中主要关注意义的指称和规约方面，语用因素则关注语言的使用和交际，尤其是非正式的语境意义，然而语义因素与语用因素在一个意义中很难截然分开，而是共存于意义中。因此，他提出假设：语义因素和语用因素以一种平衡的状态构成意义，并且这种平衡状态建立在游戏论(game theory)和情境论(situation theory)基础之上(Parikh 2010)。同时，语言平衡是语言内部自发调节的，是由语言系统内部全部要素(语音、词汇、句法、语义)综合运动与语言系统外部要素(社会和文化)共同作用所产生的结果。

2.2 意义解释的界面观点

语言学研究的主要对象是人类赖以生存的语言，在日常生活交际中，语言有许多功能，表达一个观点，下达一个命令等等。语言研究可分为几个主要的分支，包括研究发音的语音学和音系学，研究句子结构的形态学和句法学，研究意义的语义学和语用学，本研究主要涉及意义研究，尤其是语义—语用的界面意义研究。

2.2.1 语义学

语义学的定义有很多，大部分定义认为语言意义研究属于语义学范畴，也有部分定义认为语义学是研究字面的，非语境的语法意义。语义学通过研究语言构成和分析语言的逻辑结构来确定意义，但人类用于表达意义的方式很多，除语言之外，还有手势、表情等等，因此，语义学主要指的是在研究对象明确的前提下，研究语言所表达的意义，即语言中词汇、句子的意义。

传统语义学主要指真值条件语义学，也被称为逻辑语义学，研究对象是命题意义，把使命题为真的条件作为真值条件进行探讨，真值条件语义学的重点是如何确定这些条件，因为真值条件的真假决定了句子意义的真假值。但真值条件语义学的研究重点只限于陈述句，并且有些句子的意义一旦融入语境、文化、社会、心理等因素，意义就会发生改变，由此引发学者们思考,语用学因此产生。

2.2.2 语用学

现代语言学研究应追溯到19世纪末20世纪初,Saussure对语言的研究及《普通语言学教程》的出版标志着现代语言学的开端。20世纪50年代,Chomsky提出了转换生成语法,研究语言本身的结构,严格遵循语法规则形成语言或是词汇和句子,通过树状图对语言结构进行分析。与此同时,音系学、音位学以及形态学逐步兴起,所有学科的研究重点依然在语言本身,从客观层面对语言结构进行描写,但很难解释复杂的语言现象,例如,不合乎语法,但却具有意义的语句,或是符合语法规则,但没有实际意义的纯功能性话语,比如寒暄语。

由于以上因素,语言学的研究发生转向,不再仅仅关注语言本身,而是将研究范围扩大到语言使用者上,语言学家将目光转向说话者和听话者的意图,影响话语意义的语境因素、社会因素和文化因素等等。20世纪70年代,语用学成为一个独立学科,语用学研究的角度从语言使用者出发,研究语境中的意义。还有学者认为语用学包括语义学理论未能涉及的意义的所有方面。语用学亦被定义为对指示语、含义、预设、言语行为以及语篇结构等方面的研究。Levinson(1983)认为语用学是一门研究语言和语境关系的学科,对语言结构的语法化或编码进行探索。综上所述,语用学和语义学都是对意义的探讨,二者区别主要体现在两个方面,一是语用学研究将语境因素考虑在内,语义学仅研究语言本身;二是,二者研究对象不同,语用学研究对象为话语,即自然语言,语义学研究对象是语言本身的词汇和句子。

2.2.3 语义—语用界面

"界面"(interface)最早用于物理学中对物理现象的描述,随着科技的发展,界面一词开始用于对人机互动的描述。无论是指不同物体之间的接触,还是形容人机互动,界面都强调两者之间的紧密关系。目前,界面一词被语言学家引用到语言研究中,众多语言学分支学科之间互相联系,互相影响,由此产生语言学中的界面现象。

"界面"一词在语言学中的使用是一种比喻,《新华字典》中对界面一词做了如下解释,"界面"是指物体和物体之间的接触面,更确切地说,界面是指相接触的约几个分子厚度的过渡区，这是物理学对其进行的界定。在计算机领域，从人机交互角度看，界面是人与计算机之间传递和交换信息的媒介，是用户和系统之间进行双向信息交互的支持软件、硬件以及方法的集合。在语言研究中，界面指的是语言学中不同学科之间的互动，比如语用学与语法、语用学与词汇学、语用学与认知语言学、语用学与语篇、语用学与二语习得等等。

Chomsky的转换生成语法探讨句子的深层结构和表层结构，随着越来越多的语用因素的融入，生成语法也考虑到了语法与听者感知系统之间的联系，话语的参与者是典型的语用学因素，这便形成了语用学与语法的界面问题。界面问题最开始指的是学科与学科之间的界线问题，但各个分支学科之间有时很难划出一个清晰的界线，进而界面研究进入了更广泛的层面。

随着界线之争的发展，语言学家无法确定一个确切的标准来区分这些语言学分支的界线。语言的研究被分为各个模块，早期的语言学家倾向于将各个模块分开来研究，如句法学、音系学、语义学、语用学等等。这些语言研究模块的确存在，但是越来越多的学者们注意到这些不同模块之间的界线和界面问题。界线是指两个不同学科如语义学和语用学存在清晰明了的边界，并以此界线作为标准来进行区分，但事实证明，边界很难划分。因此，广义的界面问题的产生是必然结果，包括界线问题、介入(intrusion)问题以及互动(interaction)问题。

语言研究主要有3个维度，即音系的研究，语言结构的研究和意义的研究。语言学的界面指的是不同分支领域之间的相互联系，不同学科之间相关联的部分。存在界面的原因在于，某一特定的语言学理论不能对具体的语言现象进行全面解释，为了增强理论的解释力，就会有另外的理论介入，介入理论与原理论之间有交叉，这个交叉面即是界面。

伴随着语义学研究的深入，语义学的弊端逐步显现，为此越来越多的学者把目光放到了语用学上面，语用学的兴起使得越来越多语言学家考虑到语言环境因素对于语言意义研究的影响。一部分语言学家认为语义学包含语用学，语言的真正意义不随环境的改变而发生变化。还有一部分学者认为语用学包含语义学，语用学的内容包罗万象，包括了所有意义表达的内容。目前研究热点从语义学和语用学两者之间包含的关系，转向语义学和语用学的界面。

传统语义学讨论最多的是真值条件语义学，话语意义由命题的真假值来决定，由此产生了两个区分语义学和语用学界面的标准，一是话语的真值条件，二是规约含义。然而这个看似清晰明了的标准，也未能完全划分语义学和语用学的界线。后格赖斯语用学研究者 Levinson(1995：90)认为，在规约含义和非规约含义之间还存在一个“话语类型意义”。这个意义层面同时包含语义因素和语用因素，也从根本上否定了语义学和语用学界线的标准，语义—语用界面研究由此兴起。

意义研究涉及句法学、语义学、语用学等学科，各学科之间彼此存在一定的影响和互动关系，关于学科的界线之争也是界面研究形成的原因，包括句法—语义、语义—语用、句法—语用等界面。

语义—语用界面研究重点不是界面概念，而是注重理论假设的实证性研究。Potts(2005)把 Grice 的会话含义理论作为理论基础，认为在自然语言中，无论是个别的语言现象，还是普遍的语言现象，意义的表达并不具有连贯性。他指出意义的表达分 3 个层面，第一个层面是语言驱动性意义(linguistically driven)，第二个层面是具有不可取消性的意义(non-defeasible)，第三个层面是语言的不确定性意义。当句子在同一个意义层面时，句子的句法结构和意义特性由说话者倾向决定。句子的这 3 层意义必须同预设意义、会话含义以及不确定性意义区分开。进行句法和意义的分析时，有两种成分分析方法，一种是将非标准句法结构同非标准语义图式相结合；第二种应用标准树状图进行多维度语义分析，前者是语法—语义界面意义，后者是语义—语用界面意义。

2.3 意义的动态性

从 19 世纪末逻辑语义学的提出到 20 世纪 80 年代，关于意义的普遍看法可以总结为“意义等于真值条件”，该意义观点将语言表达与世界的关系描写成为一种静态的关系。但最初发起逻辑语义学的学者，包括 Frege、Wittgenstein、Russell，他们所使用的研究方法是经典的数学逻辑和集合理论，并不适用于分析真值条件，因此意义研究的发展必须要有新概念的出现。

Austin和Searle的言语行为理论对静态意义观提出了挑战，认为意义分析应从真值条件向话语的言语行为转变，观点改变了句子和情境之间的静态关系，倡导说话人以言行事与行事环境之间的动态关系。逻辑语义学内部部分学者也认为解决某些意义问题必须超越静态观点，一分为二地看问题，辩证地思考，例如，Stalnaker认为研究话语意义需要考虑话语给听话者带来的改变(Stalnaker 1974)，从而体现出一定的意义动态性。

到了80年代初，Kamp(1981)的话语表征理论(Discourse Representation Theory，简称DRT)、Seuren(1985)的语篇语义学(Discourse Semantics)和Hintikka(1983)的博弈论语义学(Game-Theoretic Semantics，简称GTS)都进一步确立了语言动态性的地位。

人们在语言使用中总会体现出其个人使用语言的风格。也就是说，语言使用者无论作为个体还是群体，都会在语言使用中给语言打上标记，如个人标记、群体标记、社会标记、时代标记等。语义范畴同样具有“用动”和“变动”性质，“用动”依靠语言语境存在，每个词汇都不会发生在完全相同的两个语境中，任何两个语境均会有一定的差异，语义的语境在多大程度上、以何种方式参与语言意义的“用动”，就是意义问题中的语义-语用界面问题。语义的“变动”体现出语言意义的历时发展，而且不同语言系统之间的相互影响会带来语言要素价值的调整，一种语义也会因为许多因素的影响而向新的语义过渡，当这种调整十分显著时便会发生质变，从而生成新的语义。

关于意义本质的理解本身就经历了一个动态发展的过程，早期的直接指称理论(direct reference theory)[①]可以解释词汇意义与世界中事物多多对应的关系。该观点的贡献在于强调了意义与指称之间联系的必要性，也就是语言与世界之间的关系，但这种联系只是一种简单的识别。当

① 直接指称理论，也可称之为所指论(referentialism)、指称实在论(referential realism)或者指称谬误(referential fallacy)，认为一个词或表达的意义在于它对世界的所指，由词汇所指的事物叫做所指(referent)。Wittgenstein在他的《哲学探索》(Philosophical Investigations)一书中质疑所指论，认为“一个词汇的意义是它的使用”，直接指称理论采取的是逻辑实证主义和分析哲学的观点，逻辑实证主义哲学家一直致力于应对维特根斯坦的观点，试图创建一个“完美的描述性语言”，以便净化充满歧义的、混乱的语言现象。

认为意义是说话者头脑中的事物，如概念、想法、意图等等时，词汇与事物之间便有了中间地带，即人类的主观性观点，人们通过头脑中对于所指事物的表征内容来识辨词汇意义，此时的意义由于人们主观意向性而具有动态性。但这种意义不能完全依赖人的主观意向性，如果个性化过大，话语参与者无法达成共识，则人们无法交换思想。如果不存在个性化，则交际中便不会有误会出现。

意义研究的动态转向认为词汇或表达并没有严格的字面意义(literal meaning)，意义是在交际这一动态过程中逐渐演化而来的。动态特征不是意义的次要属性，而是基本属性。意义的动态属性显而易见，却又往往被忽略。Wittgenstein 后期著作强调意义与使用之间具有紧密联系，是一种社会交互的联系，意义不能单从使用的实践中被定义，意义应成为达成具体语言目的的工具。人们在达成相同交际目的的过程中，会展现个性化的语言使用，因此，词汇的意义是一个变量，是在语言使用者彼此沟通中缓慢变化的结果。在社会语境中，一个交际目的被反复沟通，便会形成这个交际目的的意义，直至得到大家的共识。

Wittgenstein 认为，如果想要确定一个意义，必须要参照语言实践的动态性，而不是只依靠静态的规则和定义。据此该观点强调语言的动态性质和社会构成，当寻找意义表征的时候，只需表征所需的基本结构、参考和理解过程，将其带入语言实践后进行理解。

词汇意义与社会交互动态性有紧密联系，但基于此联系的意义理论与传统主流的语言哲学思想相悖。正如 Jaroslav Peregrin 的总结："本世纪的语言哲学由两个相反的趋势所主宰。第一个趋势是认为语言是一种命名法，词汇与意义的关系是一个基本的、无法减少的事实。第二个趋势视语言为工具箱，认为有意向地表达词汇的能力取决于他们对人类活动的参与。根据第二种趋势，'有意义'就是在人类行为结构①和社会制度中发挥作用"(Peregrin 1995：84)。第二种趋势体现了语言意义的动态性。

① 人类行为结构是法国著名哲学家梅洛·宠蒂的重要观点，他运用胡塞尔现象学的方法，吸收了格式塔心理学的结构理论，试图赋予形式、结构以哲学的意义。他认为行为是主体的行为，行为表述了人与自然和社会的永恒斗争。

2.4 意义的平衡性

语义的平衡性是动态平衡，是相对的、不断运动的。语义具有动态性，语义随时间不断地进行演化，这种演变是缓慢的，没有明确分界点，新义项的出现和旧义项的消失均是从量变到质变的过程。在语义演变过程中，某一义项为人们所广泛接受并不代表该义项处于静止状态，而是影响语义改变的诸多因素达到了一种内部的平衡，该语义仍然随着语言进化而运动，因此是一种动态平衡状态。Prashant Parikh 在《语言与平衡》一书中指出，语义因素在意义解释过程中主要关注意义的指称和规约方面，语用因素则关注语言的使用和交际，尤其是非正式语境意义，然而语义因素与语用因素在一个意义中很难截然分开，共存于意义中。

2.4.1 关于意义的哲学渊源的平衡性

语义—语用界面研究主要思想源于 20 世纪理想语言哲学和日常语言哲学两大语言哲学流派。前者以 Frege、Russell 和早期 Wittgenstein 为代表，源于数学和逻辑，认为数学不是情境化行为，而是具有抽象的、形式化的特征，因此该流派忽视了使用的维度，秉承指称观，认为语言反映世界，注重形式逻辑，尤其是将自然话语转换为逻辑语言；后者以后 Wittgenstein、Austin、Grice 和 Strawson 为代表，强调使用和交际行为思想，认为自然语言天生就是情境化行为，交际中的语言使用应作为研究中心，自然语言对形式化方法不适用。二者的对立在语义—语用界面研究中体现明显，语义学主要研究意义的指称方面，是形式化的、规约性的，受理想语言哲学影响，语用学研究意义使用和交际，是非形式的、语境化的，受日常语言哲学影响。

Parikh 认为理想语言哲学的优势在于其对数学方法的使用，理性研究方法可以避免对个体性差异较大的语言使用现象进行研究，有利于建立标准意义解释模式。日常语言哲学虽然也致力于探究语言意义本质，但数学方法的缺乏使得该学派往往面临论述模糊、不严密的窘境。因此，Parikh 将理想语言哲学和日常语言哲学观点统一，融合语义和语用意义加工过程，认为意义生成是信息的流动，通过分别计算话语发生时和话语结束时的情境化信息特征，生成初始信息和最终信息，初始信息向最终信息的流动即为意义的产生。Parikh 通过运用博弈论思想和情境理论观点融合理想语言哲学理性研究方法和日常语言哲学语言使用的优势。

2.4.2 说话人—听话人关系平衡

"大体上,在主流语义学中,听话人没有被考虑,至多是说话人行为的被动接受者。"(Parikh 2010: 27) 心理学家 Herbert Clark 在《语言使用》一书中提出了语言和社会实践相联系的观点,认为语言使用是说话人和听话人之间的联合行为。"联合行为是一种共同作用形式……联合行为需要一群人彼此合作共同完成。当 Fred Astaire 和 Ginger Rogers 跳华尔兹的时候,他们以特有的方式在舞池旋转。但华尔兹与他们两人单独活动的动作总和不同……华尔兹是一种联合行为,只有两人作为一对,合作性迈出自己的舞步才会成功。运用语言做事亦如此,它与说话人说出的和听话人听出的内容总和是不同的。它是一种联合行为,在说话人和听话人,或作者和读者,共同且彼此配合着表现个人行为时出现"(Clark 1996:3)。Clark 认为交际行为中的语言信号的发出与识别是参与性行为,语言信号的发出指的是说话人行为,语言信号的识别指的是听话人的行为,两者均为参与性行为,从而构成交际的联合行为。进而 Clark 提出联合识解原则(Principle of Joint Construal)(Clark 1996:212),认为对于每一个语言信号,说话人和听话人都试图对于说话人通过信号所传递的意思建立联合识解。

Grice 是支持说话人—听话人关系平衡的主要代表人物,并提出意义意向(meaning intention,缩写为 m-intention)概念①。他认为交际是有意图的活动,对说话人意图的识别是正确诠释说话人意义的必要条件。"格赖斯的意义意向是说话人意义的核心,是一种特殊类型的意向:没有听话人的参与,该意向无法达成……当我去握一根棍子时,这是一个自主

① Grice 于 1969 年首次提出此概念,"'U 通过说出语句 x 表示……意思'为真,当且仅当,对于听者 A 来讲,U 说出语句 x 时的意图是:(1)在听者 A 身上引起某种反应 r;(2)让听者 A 意识到他说这句话背后的意图;(3)听者 A 在实现(2)的基础上实现(1)"(Grice 1969,1989:92)。众所周知,这种分析被称之为迭代分析法(iterative approach),也称辗转法,是一种不断用变量的旧值递推新值的过程,因此遭到了诸多语言学家所举的反证,如 Strawson(1964)、Searle(1969) 和 Schiffer(1972)。格赖斯为此又将意义意向定义为自反性意向(inflexive intention),"'A 通过说出语句 x 表示……意思'(基本)等同于'A 想通过话语 x 在听者身上达到某种效果,并且听者能够意识到 A 的意图'"(Grice 1989:220)。

行为，不需要其他人的行为，我的意图便可以达成，当和人握手时，如果没有对方的参与，这一意图是无法达成的。”(Clark 1996：130) 因此，Clark认为表达意义的行为是共同行为中的参与性行为(Clark 1996：130)。Grice将‘所言’定义为说话人的意思，并且“与话语的规约含义关系紧密”(Grice 1989：25)。Grice对于合作的定义以说话人为取向，并未提及真实、复杂的解释过程，同时，忽视了说话人和听话人在交际过程中信息传递的即时性，听话人需要在推论说话人真正交际内容前，先推论其交际意图。

关联理论通过语言信息最大化和认知加工最小化倡导策略性推理，从而发展认知心理话语解释模式。在交际关联原则中，话语传递最佳关联(optimal relevance)。也就是说，任何给定的话语可以被假定认为具有足够相关性以保证听话人有能力加工话语，并且与说话人目前知识、个人喜好和目标相一致。在语言系统中，听话人理解说话人的一般过程是按照可及性的次序测试可能的解释，当满足最佳关联预期时，听话人理解过程结束。关联理论与Grice的合作原则相比，更强调听话人主动参与作用，重视说话人和听话人交际过程中的互动，但关联理论不解决说话人如何、问什么说出所说的话语，也忽视了听话人在话语解释中自认为与话语相关这一现象。

平衡语义学强调说话人和听话人的主体性(agency)。语言人类学家认为语言是社会行为、文化来源和一系列社会文化实践的形式，口头和书面语言均嵌入在密不可分的社会文化关系网络中。语言中没有中性词，“所有词语都有职业、体裁、旨趣、政党、个体、年龄、日期等方面的‘喜好’。每个词语在社会掌控下的语境中体现意义”(Bakhtin 1981：293)。主体性是语言使用中社会文化介入能力，能够把握自己的语言，影响他人语言，生成值得他人评价的语言。Karp认为，行为者(actor)指其行为受规则掌控或以规则为取向的人；而主体(agent)具有为世界带来影响或重构世界的实践能力(Karp 1986：137)。因此，语言交际主体的实践不但影响交际对象的话语选择和意义理解，对交际信息内容重构也会产生积极作用。

Parikh认为语言交际中，听话人和说话人均为拥有社会文化介入能力的语言主体，在理解说话人话语意义过程中，听话人假定说话人想让自己这样理解，这是话语参与者之间的协调与博弈，涉及策略交互，而非日常的认知过程。在正常情况下，交际双方在话语交际中所发挥的作用对称，合作性平衡。由此，Parikh 不仅将语义学与语用学融合，更将交际双方的博弈融合，解释语言意义本质，同时通过部分信息博弈的理论机制，构建真实情境下，人类交际模式。

2.4.3 话语意义加工过程平衡

Grice 认为“所言”由真值条件意义成分构成，“所含”通过对句子命题推论得出，因此命题加工在先，所言加工依靠命题内容，是后命题的(post-propositional)。含义的后命题加工建立在对命题整体认识的基础上，因此是意义加工整体观(globalism)。随着后格赖斯研究对话语加工心理的关注，意义加工整体观被质疑，因为后命题意义加工强调整体性，对说话人和听话人已经明了的命题信息内容仍然进行加工，造成意义加工重复，与 Grice 提高话语理解有效性的初衷相违背。尤其 Levinson (2000)的一般会话含义理论(theory of Generalized Conversational Implicature，GCI)和假定意义(presumptive meaning)，认为假定意义是话语理解过程中先于语境产生的“优先解释”意义，其推导受引发性原则(Q-原则、I-原则、M-原则)制约。Levinson 强调话语意义生成过程中，词组、单词，甚至是词素可以局部引发含义，该含义的得出不依靠句子命题的完整性，即局部观(localism)。但局部引发有时会让话语理解变得更为复杂，句子各构成成分均可能在触发的同时产生含义，在继续加工中，须将之前产生的大量含义逐一取消，就像 Jaszczolt 指出的，“在话语意义理论中，我们所需要的不仅是对那些更显著、更普通的解释保留直觉，同时还要避免那些消除率高的意义扩充”(Jaszczolt 2008：24)。

平衡语义学将语义意义因素与语用意义因素融合，不强调命题与含义生成的先后问题，将句子命题与含义生成同步化，在说话人和听话人交际过程中达到信息平衡。说话人和听话人所传递的意义是信息的流动，是从一个语境向另一个语境的信息流动，说话人说出话语，听话人根据本人对语境的了解和个人语言交际能力对话语进行加工，得出命题内容或含义，并及时反馈说话人，说话人根据反馈重新调整即将说出的话语，形成新语境，继续传递信息。从而避免了整体观意义的重复加工和局部观对触发含义的取消问题。

本章小结

本章首先探讨了英语将来时助动词意义的由来、构成因素和具有代表性的意义观，该部分为第五章对英语将来时助动词意义进行的意义分析提供了影响意义动态变化的因素。

语言学领域中，对于语言意义的研究主要集中在语义学和语用学领域中。由于一些语言现象的意义很难单纯地取决于语义学因素或是语用学因素，因此语义学和语用学的边界变得模糊，也由此出现了意义解释的界面观点。

语言意义具有动态性和平衡性双重属性，语言意义在动态—平衡—动态—平衡……的过程中不断发展变化。语言意义在交际这一动态过程中逐渐演化而来，语言意义随时间不断地进行演化，这种演变是缓慢的，没有明确分界点，新义项的出现和旧义项的消失均是从量变到质变的过程，动态特征不是语言意义的次要属性，而是基本属性。语言意义的平衡性是动态平衡，是相对的、不断运动的。某一义项为人们所广泛接受并不代表该义项处于静止状态，而是影响语言意义改变的诸多因素（语义因素、语用因素等）达到了一种内部的平衡，该语义仍会随着平衡态的打破而继续运动发展，因此是一种动态平衡状态。

3 动态平衡意义解释模式构建

语义学的核心问题是“话语意义生成过程中，先生成意义，再将话语的多重意义缩减至单一交际内容”(Parikh 2010：212)。在句子成分语义价值和整体会话语境的作用下，句子可能拥有多个可能意义。说话人、听话人和旁观者均需将话语多个可能意义缩减至单一意义。平衡语义学在论证中得出两个结论：第一，意义确定过程是一种情境化选择，情境是嵌入式结构，交际者需要在单个词汇、整句和言外语境等情境层面作出决定；第二，各层面的情境化选择在部分信息的博弈中达到平衡。本章尝试基于该思想，融入影响意义的动态因素，构建动态平衡意义解释模式。

3.1 经典格赖斯会话含义理论及其局限性

Grice 会话含义理论包括以下 3 方面内容：

第一，自然意义(natural meaning)和非自然意义(non-natural meaning)。Grice 认为自然意义是指话语自然地指称某事，并直接反映事物的内在特性；非自然意义指在具体的交际场合下，根据交际者的意图，参照具体的交际环境得出的意义。Grice 划分所言和所含的基础正是这种涉及说话人交际意图性的非自然意义，如图 3-1 所示。

第二，所言和所含的定义。Grice 认为所言作为规约意义不含有任何规约含义，是真值条件命题内容，属于语义学研究范畴，而所含是非真值条件命题内容，需要经过推导才能得出，属于语用学研究范畴。然而，Grice 对理解所言还提出一些必要的前提条件：“要想完全理解说话者所言，人们还需知道 a.指示和指称对象的确定；b.说话的时间；c.话语或词组在特殊情境中的意义"(Grice 1989:25)。也就是说人们要理解所言，还必须确定指称和索引成分(indexical)、时态，及消除歧义(disambiguation)。

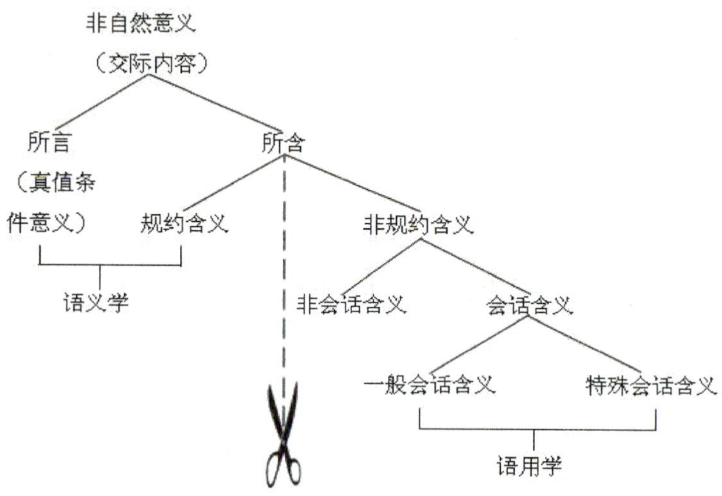

图 3-1 Grice 对非自然意义的解释

第三，所含的种类。Grice 将所含进一步区分为规约含义(conventional implicature)和会话含义(conversational implicature)。规约含义是"非真值条件推论……只是规约性地附属于特定的词项或表达之上"(Levinson 1983: 127)。而会话含义的推导是整个语境因素参与的结果，根据所需语境，会话含义又分为一般会话含义(generalized conversational implicature)和特殊会话含义(particularized conversational implicature)。一般会话含义是由某些语言表达的使用方式所通常引发的含义，它不需要特殊的语境便可推导出来，而特殊会话含义要从具体的语境中推导出来，相同的表达在不同的语境下会产生不同的含义。

第四，会话的合作原则。Grice(1989)认为，要保证会话顺利进行，会话者须共同遵守一些原则，特别是合作原则，即会话者要相互合作，共同配合以达到最佳交际目的。合作原则包含 4 条准则(maxims)：量准则(maxim of quantity)，指会话过程应含有满足交际目的信息，不应该有多余的且不涉及交际目的的信息；质准则(maxim of quality)，指不要故意说假话，说出的话语要有足够的证据，即要求会话中信息的有效性；关系准则(maxim of relation),指会话要与话题相关联;方式准则(maxim of manner),指话语要清楚明确,简洁有序,要避免含混,避免歧义,即要求信息的简明性。表面看来,Grice 已经对交际内容作出了明确的划分与解释,但该理论存在方法论上和概念上的双重缺陷。

从方法论上看,Grice 利用"修改了的奥克姆剪刀"(Modified Occam's Razor)(Grice 1989:47),即字面意义除非必要不作多义解释的原则,将所言和所含截然分开。所言是真值条件意义,属于语义学范畴,而所含是非真值条件意义,由诸多语用因素决定,属于语用学范畴。但是,这就导致了"格赖斯循环"(Grice's Circle)问题(Levinson 2000: 165-197)。根据"普遍接受的观点",语义学优先于语用学:语义过程的输出成为语用过程的输入,例如,会话含义由所言推导得出,然而,观点的支持者同时承认语用过程的输出服务于语义过程的输入,例如,消除歧义、指称及索引成分的确定有时由语用过程引发。Levinson 把"格赖斯循环"看作"鸡生蛋,还是蛋生鸡"一样的矛盾。所以,"修改了的奥克姆剪刀"与"格赖斯循环"推导机制之间的矛盾引发了界面之争。

从概念上看,Grice 认为含义包括了所有的非真值条件意义。因为基于逻辑形式层面,对于理解句子来说,规约含义和一般会话含义无法直接对其解释,除此之外,两者不会对真值条件产生任何影响,所以在 Grice 看来,语义学和语用学分别处理的是真值条件意义和非真值条件意义。Grice 认为真值条件可以作为一种标志区分语义学与语用学。Katz 却认为语义学研究意义的规约方面,而语用学研究意义的非规约方面(Katz 1977: 240),那么另一个区分语义学与语用学的标准便是规约性。沈家煊也指出,"划分语用学和语义学的界限,现有两个标准,一为真值条件,二为约定俗成"(沈家煊 1990:26)。依据上述的两个标准,Grice 的规约含义的性质就发生了变化,即体现语义和语用两种性质。规约含义属于语用学研究范畴的条件是,真值条件不受规约含义的影响约束,而语义学正是对影响真值条件意义方面进行研究。可是从 Katz 的思想看,规约含义毫无疑问地属于语义学研究范畴,因为语用学涉及的都是非规约性的研究,含义是可以取消的,这种情况下,规约含义便无法存在。由此可以看出,语义学与语用学的分界正是由于 Grice 的规约含义概念而变得模糊。

在Grice看来，非规约含义包括一般会话含义和特殊会话含义。“……我认为一般会话含义这一概念可以用来处理多种问题，尤其是在哲学逻辑领域，还有其他领域，这正好为我怀疑一些人将其归为一些表达形式的规约意义提供了佐证。这些并不是规约意义，而是通常会带有的非规约含义，除了在特殊的语境中……”(Grice 1981:185)。而在Levinson (1995:110)看来，一般会话含义既包含所言中真值条件内容也包含规约含义（非真值条件）内容，既有规约意义的默认性一面，也有会话含义的可取消性一面。因此，“一般会话含义既有会话含义特征，也有规约意义特征，是处于所言与所含中间地带的意义”，即“既有规约性也有非规约性的‘两面性’”(张绍杰 2008:196)。例如：

(1) a. Mary married and had a baby.
    b. Mary married and then had a baby.

Grice认为，(1a)的一般会话含义是(1b)，它的真值条件内容和所言的真值条件内容表达的意义是一样的，但是，因为句子中使用and这一词，就使married和had这两个动词在时间上有先后之分，也就出现了“规约含义”。下面再看一下级差含义(scalar implicature)，

(2) a. I ate some of the apples.
    b. I did not eat all of the apples.
    c. I ate some of the apples. In fact, I ate all of them.

一般会话含义不受语境的影响，其推论具有标准性、正常性、默认性，(2a)的一般会话含义是(2b)，表现了这一特征，反映了规约意义的默认性，从(2c)中可以看出，正如其他特殊会话含义一样，一般会话含义能够被取消。因此，有了一般会话含义的存在，语义学与语用学的界限变得不再清晰。

Grice把所言和所含通过“修改了的奥克姆剃刀”切分开，这样语义

学与语用学的界限就变得清晰，与此同时，真值条件内容中可以有一些语用因素涉入（pragmatic intrusion），并且所言中的非真值条件内容是由模糊的规约含义与一般会话含义解释的，这些行为使后格赖斯的语义-语用界面意义这一有关语用学课题的争论变得更加激烈。

3.2 后格赖斯语义—语用意义解释模式及其局限性

1975 年，Grice 发表了《逻辑会话》，对人类交际过程中的自然意义与非自然意义进行区分，指出非自然意义包含所言（what is said）和所含（what is implicated）两部分，并基于合作原则（Cooperative Principle）和会话准则（conversational maxims）解释人类交际的会话含义。Grice 会话含义理论具有划时代意义，它解释了意义和交际的本质，使意义分析从传统的交际语码模式（code model）转向交际推论模式（inferential model），更推动了新格赖斯（neo-Gricean）和后格赖斯（post-Gricean）语用学者对会话准则的修正和语义—语用界面两方面的后续研究和广泛争论。

3.2.1 后格赖斯语用学

后格赖斯语用学研究分为两个流派：语义最简论（semantic minimalism）和语境论，前者认为语义内容中没有语境信息，后者主张句子只有结合言语行为的语境才能表达完整、确定的内容。

语义最简论源自 Frege 传统语义学观点，认为句子具有真值条件或完整命题内容，几乎不受语境因素影响，否认语境在确定索引成分时的语用饱和作用。语义最简论支持语义组合性（semantic compositionality）观点，即除显性索引成分外，句子表达内容由句子结构和词汇字面意义构成。语义最简论在语义学和语用学之间划出清晰的界限，语义学以研究句子真值条件内容为核心，语用学关注交际过程中说话人的语言使用。Borg（2004）的最简语义学（Minimal Semantics）、Cappelen 和 Lepore（2005）的非敏感性语义学（Insensitive Semantics）和 Bach（2006）的激进语义最简论（Radical Semantic Minimalism）均为语义最简论的代表性观点①。

语境论源自50年代日常语言哲学学派 Wittgenstein、Austin 和 Searle 的观点,并逐步发展成为意义研究的主流。语境论认为命题内容由话语承载,而非句子,句子的语义信息不能决定真值条件内容,需要语境的参与,随之出现了语义—语用界面研究。

3.2.2 后格赖斯语义—语用意义解释模式

后格赖斯语用学家代表人物 Carston、Recanati、Bach、Levinson 和 Jaszczolt 等人提出了多种语义解释模式。

3.2.2.1 Carston 模式

Carston 是众多关联理论的代表人物之一。关联理论对话语含义进行了两种区分,分别是显性含义(explicature)和隐性含义(implicature),即话语的意义表达分为显性和隐性两种情况。显性含义是以句子逻辑式为基础所表达的命题,显性含义在功能上独立于隐性含义,"隐性含义有不同的命题形式和自己的真值条件,隐性含义作为论点的前提和结论在功能上均独立于显性含义,因此任何由话语传递的假设都可称为隐性含义……在话语完整意义的推论过程中,命题形式具有独立功能、可取消性和可推导性"(Carston 1988:157-158)。关联理论者持激进语境论观点,认为隐性含义和显性含义均涉及语用推论,只不过显性含义的语用推论属于真值条件语义学范畴,不涉及逻辑形式反映的说话人心理。

Carston 指出,"所言表达的命题常常是不完整的,话语本身有时不能充分表达说话人意义,即语义的不确定性"(Carston 2004: 634)。也就是说,显性含义的功能就是为了扩充话语给出的不完整的逻辑形式,从而得出完整的命题内容。正如黄衍的解释,"显性含义是对话语里不完整的概念表现(conceptual representation)或逻辑形式(logical form)的一种推论性扩展"(Huang 2007: 219)。这种对逻辑形式的补全和丰富通过5种方式实现:a. 消除歧义;b. 确定指称;(以上两点与经典格赖斯理论相同)c. 饱和(saturation);d.自由扩充(free enrichment);e.特殊概念构成(*ad hoc* concept construction)(Huang 2007: 189-194)。

① 本文所探讨的平衡语义学承认语境因素在句子命题内容中的作用,属于语境论范畴,因此本文只对语义最简论进行简要介绍,并在其他文章中作详细阐述。

饱和是将逻辑形式中的变量或空缺补充完整的语用过程。例如：

(3) a. John drives very carefully. [for what?]

b. John drives very carefully for being safe.(Explicature)

自由扩充与前者相比,不是基于语言本身而主要是语用的,例如:

(4) a. There is no one to talk in the classroom.

b. There is no one (the speaker considers it should be someone) to talk in the classroom.(Explicature)

例句(4a)是一个逻辑形式相对较为完整的句子,(4b)对于(4a)的扩充是语用层面的。

特殊概念构成是对逻辑形式中词汇概念的语用调整,这种调整或宽或窄,或强或弱,要根据语境选择合适的含义,例如:

(5) a. This document is important.

b. This document is less significant.(Explicature)

c. This document is essential. (Explicature)

d. This document is vital and indispensable. (Explicature)

对于关联理论者而言,隐性含义与显性含义的不同之处在于,后者既包括解码过程又包括语用推论,而前者只包括语用推论。但两种含义的语用推论过程相同,对逻辑形式进行初次语用推论得到显性含义,然后再进行进一步的语用推论得到隐性含义。综上所述,关联理论者用显性含义取代了所言,其实是在所言的基础上进行的语用推论。

3.2.2.2 Recanati 模式

Recanati 沿用所言这一术语,认为所言的语用充实(pragmatic enrichment)是自动的、潜意识的,包含语用加强(strengthening)和语用饱和(saturation)两种过程。Recanati 认为所言和所含的加工过程均涉及语用因素，但二者有本质的区别，如果某语用意义会影响命题的完整性，那么该语用意义属于所言，反之属于所含。“话语真值条件受到多种语境因素影响，除了对句子逻辑式中的索引成分和变量的语境确定之外，还有自由充实和其他非语言触发的语用因素，我称该观点为‘真值条件语用学’(Truth-conditional Pragmatics，TCP)。”(Recanati 2002：299-345)与关联理论者相比，Recanati 的语境论观点相对温和，其所言生成过程是以逻辑式为基础，在此基础上进行语用加工，并不强调语用推论。

Recanati 既不赞同将所言和所含孤立地划分开，也不赞同关联理论激进的观点，无论显性含义，还是隐性含义，都需经语用推论得出。他沿用了所言这一术语，但内容不同，“从广义上看，所言是由语用因素决定的，会话含义独立于所言之外，并与之结合，除了会话含义，构成所言的还有其他非规约的语用方面的话语意义”(Recanati 1991：98)。

Recanati 认为从句子意义到交际内容确实经过两个语用过程：主要语用过程(primary pragmatic processes)和次要语用过程(secondary pragmatic processes)。他所指的所言就是经过主要语用过程加工得来的，与关联理论不同的是，这两个语用过程有本质的区别，主要语用过程是潜意识(sub-personal)的、自动的，它不能被称为语用推论，只不过是像意识一样直接，而次要语用过程是有意识的语用推论过程，是所含的加工过程。主要语用过程主要通过 3 种方式实现：a.饱和；b.自由扩充(这两种方式前面已经提到)；c. 语义转移(semantic transfer)。语义转移既不是被扩充也不是被缩小，而是代表另外一个不同的概念，只要新旧两个概念存在默认的功能关系，例如：

(6) Pass me Mo Yan. It's near your hand.

(6)句并不是指“递给我莫言，他在你手边”，而是“递给我莫言写的那本书，它在你手边”，莫言与其所写的书之间存在默认的功能关系，即所属功能关系。

3.2.2.3 Bach 模式

Bach 认为所言中没有语用干涉，有些交际内容既不属于所言，也不属于所含，它们处在所言与所含之外的中间意义层面，即隐型含义(impliciture)，通过语用的补全(completion)和扩展(expansion)消除语义的不确定性。有两种命题可以得出隐型含义：第一，有些句子表达不完整的命题，即命题基(propositional radicals)，需要通过语用过程将其补充完整，例如：

(7) a. Lucy is ready.

b. Lucy is ready to go to school.(Implic*i*ture)

第二，有些句子表达了完整命题，但该命题不能满足说话人想要表达的意义，需要概念上的强化、弱化或具体化，这种命题叫做最简命题(minimal propositions)，需要通过扩展这一语用过程将交际内容充分表达出来，例如：

(8) a. I will leave.

b. I will leave next week.(Implic*i*ture)

Bach 指出，"隐型含义高于所言，但又不同于所含，因为所含是所言以外的额外命题，而隐型含义是由所言衍生而来"(Bach 1994a: 273)。作为中间意义层面，隐型含义与所言和所含的性质都不完全相同，"隐型含义不能作为所言的构成成分，因为它能被巧妙地取消；它也不能像会话含义一样被推导出来，因为它与真值条件相关"(Horn 2004:31)。

3.2.2.4 Levinson 模式

Levinson 发现了"格赖斯循环"问题，因此他认为应将语义学和语用学看作两个彼此交叉又相互联系的学科。他保留了经典格赖斯理论中所言的构成，即真值条件内容与先决条件之和，但他认为在语义学和语用学之间存在一个意义层面，这种意义是对语言和世界重复使用和认识的默认，基本等同于 Grice 理论中的一般会话含义，但有两点不同：第一，这个层面既不完全属于语义学范畴，也不完全属于语用学范畴。Levinson 的 3 个意义层面是：句子意义、话语类型意义(utterance-type meaning)和话语例型意义(utterance-token meaning)。“话语类型意义是优先性解释(preferred interpretation)——默认意义(default meaning),它存在于话语的结构中,由语言结构所给定,不借助于特殊的语境”(Levinson 2000:1)。它的推论过程受引发性原则(heuristics)(Q-原则,I-原则,M-原则)制约。第二,Grice 的语用推论是在整个命题语义加工之后进行的,在根据会话准则进行推论之前,句法加工必须完成,得出句子的逻辑形式,而 Levinson 的一般会话含义是局部的(local),即由触发语直接产生的含义,随着话语加工的继续,这个含义可以被取消。

3.2.2.5 Jaszczolt 模式

Jaszczolt 提出默认语义学(Default Semantics)(Jaszczolt 2005),她认为话语意义加工过程包含 4 个因素:词汇意义和句子结构、语用推论、认知默认和社会文化默认,从而提出“并合表征模式”(merger representation model),认为人类交际行为对意义的表达是整体表征的方式,4 个决定因素平等地相互作用,任何因素都不能成为其他因素的输入或输出。她否定了人们通常持有的观点:即逻辑形式(所言)是基础,语用推论和默认扩充在此基础上推断说话人意义。Jaszczolt 认为意义的表达体现语义和语用的并合作用,因此“并合表征模式”既包含语义成分,也包含语用成分;既包含有意识的推论,也包含无意识的默认。Jaszczolt 提出的默认语义学认为除非必要,意义不作多层面解释,即意义层面经济性原则(Parsimony of Levels Principle, POL)(Jaszczolt 2005: 14)。默认语义学摒弃了真值条件语用学和关联理论的句法限制观点,即显性意义(显性含义或所言)须由句子逻辑式发展得出,认为话语意义包括首要意义(primary meaning)和次要意义(secondary meaning),首要意义是说话人所表达的和听话人所解释的凸显意义,有时可以优先于句子逻辑式。首要意义是组合性的并和表征,语义因素与语用因素地位平等,在意义加工过程中相互交织、相互作用,互为输入内容与输出内容。

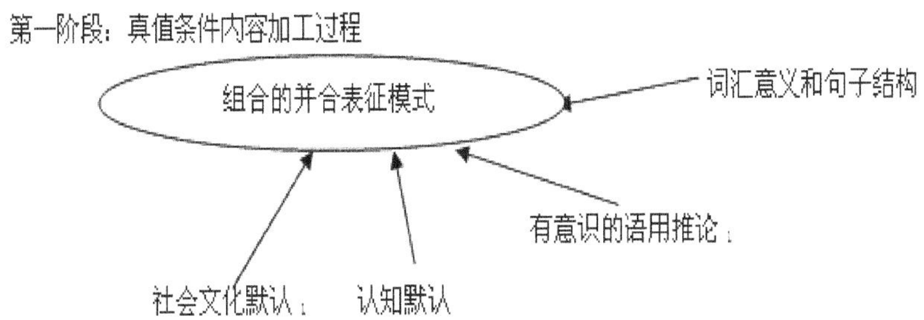

图 3-2 默认语义学模式(Jaszczolt 2005:73)

在默认语义学中,对真值条件内容加工得出的"并合表征"代替了经典格赖斯理论的"所言",其实是将"所言"与有意识的语用推论、认知和社会文化默认进行融合,而所含是在真值条件"并合表征"的基础上,第二次与有意识的语用推论和社会文化默认融合。

3.2.3 后格赖斯语义—语用意义解释模式的局限性

5 种解释模式从不同角度阐述着一个问题:所言(真值条件内容)中有语用因素作用。它们对经典格赖斯理论作出补充和修改,但同时也存在问题。

3.2.3.1 语用含义与所含的区分问题

语用含义分别指解释模式中的显性含义、语用扩充含义和隐型含义。为了证明区别的存在,Recanati 提出了可利用原则(Availability Principle)和范围原则(Scope Principle)。Recanati 认为"所言一定会被会话的参与者直觉上感知"(pre-theoretical intuition)(Recanati 2004:20),也就是说,所言的扩充对于说话人和听话人来说是有意识地存在的。但许多学者证明 Recanati 所说的这种直觉在很多情况下是靠不住的。Levinson 指出,"如果在法庭盘问这种不存在合作性的环境下,那些靠直觉推断应是说话人承认的内容还要一一被问询"(Levinson 2000:197),所以对所言的直觉判断要依靠谈话的模式,正如 Bach 所说:"判断要依靠人们如何引发直觉”(Bach 1994b：137-138)。

范围原则是指会话含义不能归属于否定、条件句中逻辑功能词(logical operator)的范围之内。

(9) a. Marry doesn't have three brothers.

b. Marry doesn't have three brothers, but he has two.

c. Marry doesn't have three brothers, but he has four.

根据 Horn“以量准则为基础的级差含义”(Quantity-based scalar implicature)(Horn 2004:9)的否定原则，句 c 是句 a 会话含义，同时句 c 同句 b 一样属于否定逻辑功能词范围内，这就产生了矛盾。因此 Recanati 的解释存在适用性问题，关联理论中显性含义与隐性含义之间，Bach 的隐型含义与隐性含义之间也存在该问题。

3.2.3.2 会话含义的特征问题

Levinson 提出会话含义的 4 个特征：可取消性(cancellability)，不可分离性(non-detachability)，可推导性(calculability)和非规约性(non-conventionality)(Levinson 1983：114-118)。Levinson 指出这 4 个特征是会话含义的充分必要条件，而 Recanati 的所言与会话含义的特征相同，如果 Recanati 的理论正确，那么会话含义的特征便应重新定义了，因此 Levinson 模式与 Recanati 模式在会话含义的特征问题上存在争议。

3.2.3.3 意义层面的数量问题

Bach 和 Levinson 都提出了意义的第三个层面：隐型含义和类型意义。这种提法有悖于 Grice 的初衷，提出“修改了的奥克姆剪刀”原则，是为了提高话语理解的有效性，将不必要的意义剪掉，而在语义学和语用学中间提出一个额外的意义层面，无疑会增加话语理解的负担。因此，Jaszczolt 提出“意义层次节约原则”(Principle of Parsimony of Levels)(Jaszczolt 2005:14)，即意义层次除非必要不作多层解释。因此，在 5 种解释模式中，对意义层面的数量存在争议。

3.2.3.4 一般会话含义的引发和推导问题

Levinson 的一般会话含义与经典格赖斯理论中的一般会话含义的

主要区别是命题前局部引发还是命题后推导，但这种局部引发有时会给话语理解带来麻烦。因为一个句子中几乎每个词都会在触发的同时产生含义，那么在继续加工中，必须将之前产生的大量含义逐一取消，就像Jaszczolt指出的，“在话语意义理论中，我们所需要的不仅是对那些更显著，更普通的解释保留直觉，同时还要避免那些消除率高的意义扩充”（Jaszczolt 2008：24）。

3.2.3.5 真值条件内容和所含加工过程的分界点问题

在关联理论中，显性含义和隐性含义都需要有意识的语用推论，该理论提出了两个过程的分界点，即当达到最佳关联（optimal relevance）的时候，显性含义推论停止，隐性含义推论开始，并且提出了功能独立原则（Functional Independence Principle），即“隐性含义在逻辑上必须独立于话语所表达的显性含义，既不能蕴含显性含义也不能被显性含义所蕴含”（Carston 1988：168）。也就是说，隐性含义要有不同于显性含义的逻辑形式。Jaszczolt也将话语理解分为两个阶段：真值条件内容加工和所含加工。两个过程都包含有意识的语用推论和社会文化默认，但却没有对两个过程很好的界定，两个过程中的语用推论和社会文化默认难以区分。因此，对于真值条件内容和所含加工过程的分界点存在争议。

3.2.3.6 所言语用加工过程中的意识问题

关联理论者和Jaszczolt认为所言部分的语用过程与所含部分的相同，都是有意识的推论，而Recanati认为所言中确实包含语用因素，但却像直觉一样，潜意识地作用于说话人，而所含部分是由有意识的语用推论推导得出，所以所言语用加工过程中的意识问题，也是一个争论的焦点。

3.3 平衡语义学

Parikh认为多个相互作用力之间的平衡是语言和意义的关键属性，人们以博弈原则为首要原则得出话语意义。平衡语义学是一个解释自然语言意义的理论体系，该体系可以分为3个层次：第一，宏观层面上，平衡语义学是一个语言范式（paradigm）——平衡范式，强调多个相互作用力之间的平衡，从宽广的视角提出思考意义与语言的方式；第二，普通层面上，平衡语义学是一个通过博弈论和情境理论搭建的意义解释框架，解决了诸多意义问题和疑惑;第三,微观层面上,平衡语义学是一个理论,使用从博弈论和情境理论中归纳的句法、规约、信息和流动 4 个约束条件(constrains),即 SCIF 约束(Parikh 2010:31),推导话语意义,提供了一个生成和计算所有可能话语意义的工具。

3.3.1 理论构建理据

平衡语义学的核心是对博弈论(Game Theory)与情境理论(Situation Theory)的融合,因为"博弈论和情境理论是目前能够在语言和意义中实现平衡思想的最佳途径"(Parikh 2010:1)。

3.3.1.1 博弈论理据

博弈论最早出现在西方,学术界所公认的创始人为 von Neumann 和 Oskar Morgenstern。博弈是指在交互情境中,两个及两个以上的参与者在其中做出战略决策。博弈论是应用数学的一个分支,关注在不同情境中,用策略和理性决策获得最佳行为或达成目标。"博弈论就是某个人或者某个团体组织,在特定的环境场景和相关的约束条件下,根据自己本身所掌握的自己和竞争一方的相关信息,在同一时间或者是根据先后顺序,进行一次或者是多次从各自可能的行为或者策略集合中选择并且把选择付诸实践,最后竞争双方再各自从中取得相对应的博弈结果和博弈收益的过程。"(范如国 2011: 3) 现代博弈论涉及理性、可能性(或然性)、优先性,以及参与者对其他参与者行为、信仰、知识和意图的推测。博弈论方法论可以应用到各种交互情境中,一套连贯规则控制交互过程。根据其他参与者的行为,这套规则可以为参与者指出可采取的行为,在一系列可能的行为中,以理性原则和相关认识假定为前提,参与者选择在博弈过程中实际采取的行为。"最早将博弈论思想和语言学结合起来的人是维特根斯坦"(涂继亮 2007: 18),也有学者认为是 Hintkka 将博弈论和语言充分结合,并形成真正意义上的"语言博弈论"(Language Game Theory)。

博弈论的特征为"合理性、独特性、广泛性和客观性与真实性"(范如国 2011: 4)。其中的合理性指人们在进行博弈分析具体的现象之前所作出的预设是合理的,有一定存在的理由;独特性指的是博弈分析方法和分析过程在意义分析方法中具有独特性,它用具体的数字来表现抽象的心理选择过程,直白地展现在人们的眼前;广泛性指博弈论分析框架的应用范围广泛;客观性与真实性指通过博弈论得出的分析结果具有客观实在性,是按照严格的理性思维模式和计算方法得出的结果。

3.3.1.2 情境语义学理据

美国著名的逻辑学家 Barwise,最早提出了情境语义学(Situation Semantics)的思想。1983 年,Barwise 与语言学家 Perry 二人共同完成了《情境与态度》(*Situations and Attitudes*),此书标志着情态语义学作为形式语义学分支正式诞生,同时在研究自然语言意义问题上增加了一种"情境语义"。

Barwise 和 Perry 用情境语义学代替传统的命题语义学(Propositional Semantics)。情境理论框架解释范围广,涉及从本体论和形而上学,到信息理论、态度理论以及其他认知理论,尤其是意义理论。情境理论者坚持情境首要性,从认识论和形而上学的观点来看,现实情况首先指向情境,而个体、特征、位置等范畴均与情境保持一致性。情境理论强调信息的部分性(partiality)和流动性特征。由于个体知识的有限性,话语参与者只能部分地获得话语所蕴含的全部信息,并且话语参与者的百科知识体系不完全相同,因此各自接受的部分信息也不同。意义的生成是信息的流动,话语是信息传递过程,在话语起始阶段,参与者结合初始情境,在语义和语用因素共同作用下生成话语初始信息,在话语结束阶段,以相同的方式生成话语结束信息,而话语意义便是从初始信息向结束信息的流动。

在情境语义学中,情境、制约和信息的流动三者的共同发挥作用形成了情境语义学的意义解释框架,其中,情境是基本概念,制约是核心关系,信息的流动是关键机制。因此,可以将情境语义学理论的相关内容概括成 3 个方面:第一,情境与制约;第二,情境与信息;第三,情境语义意义解释框架。

1)情境与制约

情境语义学的核心是情境与制约。因此,在很大程度上情境语义学可称作情境与制约的理论。Barwise 和 Perry 在《情境与态度》一书中指出现实由情境构成,情境就是个体具有性质,并且处于各种关系之中的时空环境。人们总是处于情境之中,人们看到它们,引起它们的出现,并且对它们持有态度。情境论的出发点就是从现实情境中抽象出基本要素：个体、性质、关系和地点，然后把分散的要素重组整合为抽象情境。抽象情境中的一些情境对应现实，它们是实际情境，但还有些情境与现实世界不对应，因此，情境不是指整个世界而是部分的现实世界。

如果把多个情境共同特征进行归类，可以得出不同的情境类型(situation type)，情境类型之间存在着某种特定的关系，当主体在交际过程中适应于这些关系时，便生成了意义，自然语言的意义因此而生成。在情境语义学中，"语言制约"(linguistic constraints)是一种规约性的关系，即话语类型与所描述情境类型之间的关系，信息可以在情境间传递。Barwise 和 Perry 利用"制约关联"来描述话语，可以传达情境所含信息，因此制约是一个情境包含另一情境信息的能力。从本质上来讲，情境类型间信息的流动关系是通过制约关联反映出来的。

2)情境与信息

信息是现代信息处理科学的载体，信息的流动体现意义之间的关系，因此，语言研究和信息处理的过程交织在一起。情境理论的目的就是为构建信息的内容提供工具，是情境语义学中信息的地位。但是情境语义学并不关注信息自身的性质，而是要探究信息流动的方式及引起信息流动的机制。因此，"信息"视角和"信息流"(the flow of information)的思想标志着情境语义学与其他形式语义学的区别，因此信息流、情境与信息之间的关系便成为情境语义学研究的重要方面。

在情境语义学中，情境中的信息是哲学层面中的信息，它与人们根据日常经验所判断的信息的含义有所不同，也与实用科学中的信息不同。它存在的形态是独立于物质、能量之外的。对于信息最基本的判断是通过研究个体是否处于关系之中，所有的信息条目聚合而成情境。但是，在各种情境之间并不存在信息的流动，信息流动存在于情境类型之间，信息流动的载体是情境类型，也就是说，信息包含在情境中，信息在情境类型间进行传递和转移。情境部分性的特点决定了信息的部分性，简单来说，信息通过语言表达式传递出来之后仅与主体适应的部分世界产生联系。除了部分性的特点之外，信息还具有动态性，即信息是从一个情境类型向另一情境类型进行流动，因此从本质上说，情境语义学是一个动态的语义学理论。

3)情境语义意义解释框架

情境语义学在处理自然语言的意义时注重语言的信息处理过程,通过信息的流动让不完整的信息在一定程度上表达出完整的意义,这就是情境语义意义解释中的情境推理过程。在情境语义学中,表达式的意义是由话语本身和语境决定的,语境因素包括语篇情境、话语关系和资源情境。其中,话语关系与指称情境有直接关系,它的本质就是将自然环境和人为环境通过参与者的耳朵、眼睛和心进行加工得到的情境化的联系。说话人可以通过指称听话人、时间场点以及所说的表达式来体现话语关系。资源情境是基于话语参与者本身的能力,是说话人为了表达某种事实或说明某种状态所运用的可以传递信息的情境。资源情境是作为参照和凸显特征而存在的。通过这 3 种制约产生的关系,完成对于语义的传达。

情境并不是独立存在的,当一个话语者进行言语表达的时候,就形成了一个情境,其中包含了话语的基本要素即说话人、听话人、时间地点以及所说的表达式,这些因素决定了对话语的解释。情境语义学认为话语的意义具有"索引性",在理解话语意义时需要依靠说话情境,这也解释了同一语言表达式在不同的说话情境中具有不同意义的原因。说话人在意义表达上具有完全的主动性,因为语言没有任何实质性的约束来限制话语者的表达过程或者表达方式。话语的意义更加倾向于对于情境的依赖,不同的情境和话语参与者能产生不同的意义,这也体现出情境语义学中意义流动性的特点。

基于以上观点,平衡语义学对意义的解释模式可以归纳为对"部分信息的情境化博弈"过程,即话语意义存在于情境之中,由于话语参与者存在个体差异,因此只能部分地接触到对方所传递的意义,彼此在部分信息的传递过程中进行博弈,试图正确理解对方,同时传递出让对方正确理解的信息。

3.3.2 平衡语义学理论内容

语境论认为命题内容由话语承载,而非句子,句子的语义信息不能决定真值条件内容。"不可将'所言'与语用因素决定的话语意义进行对比，因为'所言'在很大程度上也是语用因素决定的。会话含义和其他非规约性话语意义参与'所言'的生成。"（Recanati 1991：98）语境论代表人物关联理论者Carston、Sperber和Wilson认为显性含义①（explicatures）由语用推论得出，Recanati提倡"所言"由语用充实得来，Jaszczolt的默认语义学认为并和表征（merger representation）的首要意义由语义因素和语用因素共同作用得出，以上3种语境论观点均承认"所言"生成过程中语义因素与语用因素的结合与相互作用。针对以上问题，Prashant Parikh在《语言与平衡》一书中提出平衡语义学（Parikh 2010），对语境论提出了新的看法。

Parikh反对传统的Grice提出的"管道意义观"（the pipeline view of meaning）（Parikh 2010：123），即语言意义确定涉及两个阶段：第一阶段，语义因素生成不确定性的、不受语境影响的字面意义；第二阶段，字面意义在语境中通过语用因素被确定。该观点认为人们根据语言知识对话语意义进行加工，当语义加工难以继续时，才会考虑情境。Parikh否定存在语义—语用界面问题，倡导极端语境论观点，认为意义是主体（agent）所作的情境化选择，选择过程自始至终受到语境影响，即使词汇意义确定亦与语境相关，从而提出平衡语义学理论，构建平衡语义意义解释框架，形成语言与意义的新范式（paradigm）。"范式体现'平衡'的主导思想——多个相互作用力之间的平衡。利用博弈论（Game Theory）和情境理论（Situation Theory）搭建意义解释框架，因为二者是目前在语境中使语言与意义实现平衡的最佳工具。博弈论和情境理论中涉及的约束条件促使话语意义生成。"（Parikh 2010：1）

3.3.2.1 平衡语义意义解释框架

博弈论思想最早在Plato所著关于Socrates对话《论勇气》（*Laches*）和《会饮篇》（*Symposium*）中体现。1928年，John von Neumann提出应用数学分支——博弈论基本原理，用于明确经济学、统计学、逻辑学和数学等学科的基本理论构建。目前，博弈论被广泛应用于社会现象研究中，指在平等对局中，如何通过分析对方的选择和策略来调整自己的应对方

① 关联理论者提出的显性含义、Recanati提出的"所言"和Jaszczolt提出的首要意义都是针对Grice会话含义理论中的"所言"这一术语提出的，是对同一问题的不同解释。

式。作为策略交互理论，博弈论对语言分析的价值逐渐凸显，用来揭示语言意义、语言起源和语言变化。

博弈是人类行为模式，语言与交际是人类行为的具体化，因此，语言与交际中存在博弈现象。“我们必须将博弈区分为两个层面：第一，作为研究语言意义本质和起源的理论框架；第二，实际交际情境下的理性人类行为模式。”(Pietarinen 2007：2) Wittgenstein 关注第一层面，针对语义和逻辑提出语言游戏说(Language Games)，系统阐释了语言哲学中博弈思想功能及其对语言意义解释的促进作用。他认为词汇受到“游戏”这一非语言行为的作用生成意义，例如发出命令并遵从命令、描述物体、报道事件、形成并测试假设、用图表呈现实验结果等。“游戏”在概念上优先于语码符号，是语言意义生成的行为和实践。

构成平衡语义意义解释框架的第二个理论是美国著名逻辑学家 Barwise 和逻辑学家、语言学家 Perry 提出的情境理论。情境理论是支撑情境语义学的信息理论数学本体论，情境语义学是相对 19 世纪 50 年代可能世界语义学提出的，不考虑全部可能世界，将部分世界称之为情境，研究部分世界中语言意义。情境的部分属性(partiality)使情境理论和情境语义学拥有灵活的框架，将自然语言中句子信息和基于语境的意义模式化。“世界不仅由物体、特征和关系构成，而是由有特征且处于相互关系中的物体构成。世界由部分组成，这些世界的组成部分被称之为情境。事件和一段情节是时间上的情境，场景是视觉获得的情境，变化是情境的连续，事实是被语言丰富的情境。”(Barwise & Perry 1980：1-55) Parikh 认为只有话语才有意义，“符号本身几乎不承载信息，只有考虑符号所发生的环境，才能得到推论意义。同样，句子本身也没有意义”(Parikh 2010：20)。话语在时间、地点和话语参与者等方面是情境化的，自然语言的话语环境不可被忽视，如果句子及其构成成分不与现实相联系，便不具有任何意义。

情境只提供部分性信息，情境本身是有限的世界组成部分，主体通常只能经历世界的某些部分，而非整个世界；人们只能将情境部分地描述清楚，不能将所有真实情境均阐述详尽；主体总是部分地触及信息，主体首先观察情境，识别出情境的一些信息特征，最终提取信息成分关系。情境是世界的组成部分,主体在任意时刻从已知情境中获得的信息只是理论上存在的所有信息的一部分,强调部分性使情境语义学有别于其他可能世界语义学理论。

平衡语义学分析对象是话语,而非句子,Parikh 将话语与情境理论联系,充分发挥部分信息的作用,通过博弈论给出计算复杂表达的方法,形成平衡语义意义解释框架——部分信息的情境化博弈(situated games of partial information)。

3.3.2.2 “平衡”范式

范式是某一科学研究群体所共同遵守的世界观与行为方式。在我们的生活中,许多系统均处于平衡状态中,例如生物学平衡、物理平衡、化学平衡、经济平衡等。换言之,平衡是物质系统在不断运动和变化情况下的宏观平衡,是物质内部要素相对作用后所达到的一种整体效果。同样,语言展现的静态表象是因为语言作为一个相对独立的系统,其内部组成范畴所做的相对运动,即产生的变化在相互抵消后所产生的综合变化并不明显。同时,语言平衡是语言内部自发调节的,是由语言系统内部全部要素(语音、词汇、句法、语义)综合运动与语言系统外部要素(社会和文化)共同作用所产生的结果。

Parikh 认为“平衡”范式应为语言与意义、语义—语用界面研究者公认的本体论、认识论和方法论的实现。Parikh 从博弈论应用中看到语言与意义的平衡,认为平衡性是语言与意义系统的固有部分。平衡状态意味着多个相互作用因素之间的平衡,除了确定这些相互作用因素及其相互作用的性质外,更要清楚达到多个交互平衡所需的条件。

语言通过选择达到平衡,说话人选择自己所说的话语,听话人选择如何解释该话语,以上选择达到平衡时产生话语意义。说话人和听话人在一个话语的多个层面上进行博弈,例如词汇层面、短语层面和句子本身,因此交际中存在多个平衡状态。“不仅每一个平衡状态涉及听话人和说话人选择与策略之间的平衡,多个平衡状态本身也是一种平衡:平衡状态的平衡。”(Parikh 2010: 26) 语义的平衡性是动态平衡,是相对的、不断运动的。语义具有动态性,语义随时间不断进行演化,这种演变缓慢,且没有明确分界点,新义项出现和旧义项消失均是从量变到质变的过程。

在语义演变过程中，某一义项为人们所广泛接受并不代表该义项处于静止状态，而是影响语义改变的诸多因素达到了一种内部平衡，该语义仍然随着语言进化而运动，因此是一种动态平衡状态。

3.3.2.3 约束条件

话语意义具有完整性和组合性，拥有多个构成意义的相互作用成分和层次。个体按照其交际意图选择构成意义的部分，进行整合，得出意义。拥有不同交际目的的个体对构成意义的成分和层次进行不同的选择，从而得出差异性意义。

平衡语义学框架受到句法、规约、信息和流动（flow）4个因素约束，即SCIF约束（the SCIF constraints）。不同的符号系统有不同句法，语言作为符号系统，拥有最为复杂和确定的句法。句法与意义相互作用，意义受到句法约束，句法约束（S）促使生成语法分析树（parse tree），在意义生成过程中发挥重要作用；规约约束（C）将句中词汇与其规约意义或字典中意义对应，规约意义独立于语境；信息约束（I）通过联系话语语境，将词汇规约意义与句子可能传递的内容相对应；流动约束（F）是平衡语义学框架核心，使句子可能传递的多种内容之间实现博弈。4组约束在每组约束中和各个约束之间形成平衡状态，使意义在语法系统和话语语境之间达到平衡。话语意义是提供给主体的全部信息内容，主体触及交际中的相关约束，结合自己识别出的情境，生成个体话语意义，该意义是所有信息内容的一部分。

Parikh为揭示语言意义本质和语义学与语用学关系构建平衡语义学，通过观察交际语境中话语如何发挥作用来研究语言意义，运用形式化分析方法博弈论（game theory）构建话语意义解释模式，试图在部分信息所构成的相互依存、环环相扣的复杂结构中建立意义平衡状态。该模式对形式语义学（Formal Semantics）和语言形式与意义研究的传统观点均有所贡献。

3.3.3 对语境论的继承与发展

美国日常语言哲学家Grice发表《逻辑会话》，认为“所言”属于语义学范畴，“所含”属于语用学范畴，并利用“修改了的奥克姆剪刀”原则（principle of Modified Occam's Razor）（Grice 1989：47），将“所言”和

“所含”截然分开，同时又将指称确定、索引成分确定、时态和歧义消除等语用意义归入“所言”，从此语用意义等于意义总和减去真值条件的观点开始动摇（姜涛 2009，2011a，2011b）。

19 世纪 70 年代 Atlas 和 Kempson 关于否定不确定性（underspecification）论断，即阿特拉斯—肯普森命题（Atlas-Kempson thesis）（Atlas 1977，1979，2005；Kempson 1975，1979，1986）表明：意义中并无语义模糊现象，句法生成语义不确定的表征（semantically underdetermined representation），在语境中，该表征通过语用加工被进一步丰富。命题突出了语境在语义—语用界面问题中的作用，并最终形成了后格赖斯语用学（post-Gricean pragmatics）语境论（contextualism）流派，认为语义分析只确定了部分意义，在此基础之上的语用推论使得话语意义完整，不确定性和语用推论在话语意义解释过程中相互联系，句子只有结合语境才能表达完整、确定的内容。

3.3.3.1 意义中语义—语用界面

语义学和语用学不同的哲学渊源使其对意义的解释方式不同，语义因素主要关注指称意义，很大程度上是形式化的、规约性的，涉及句子的真值条件；语用因素主要关注与使用相关或交际方面的意义，强调语境，涉及语境推论、会话含义和言外之力（illocutionary force）等。在话语意义构成中，语义因素和语用因素以何种状态存在？其关系如何？

经典格赖斯理论认为所言通过语义因素得来，所含通过语用因素推导得来。Grice 寻求保留真值条件的分析方法，试图将意义中的语义因素和语用因素明确划分开来，但由于指称、时态等语境因素对所言的贡献，经典格赖斯理论面临两难的选择：承认意义比真值条件内容丰富，允许语义理论中存在语用叠加，或者接受语用因素对真值条件内容的贡献，将真值条件分析从句子转向话语，承认真值条件分析的重点在话语层面，而不是句子层面。因此，经典格赖斯理论试图在真值条件内容构成中保留语用输入，同时否定该输入的语用属性是存在矛盾的。

针对经典格赖斯意义理论中所存在的矛盾，新格赖斯和后格赖斯学派试图提出解决办法。Bach 和 Levinson 认为意义中的语义因素与语用因素部分交织，在所言和所含以外，存在独立的意义层面。Bach（1994b：

124)提出隐型含义(impliciture),并与含义(implicature)明显不同,在含义生成过程中,人们传递两个概念完全独立的命题,第一个命题被明说,而第二个命题隐含于第一个命题之中,含义与原始命题的内容无关;在隐型含义的生成过程中,人们只传递一个命题,由于语义不确定性(semantic underdetermination),所言需要被补全或扩充成为完整命题,该命题意义为隐型含义。Levinson 意义的 3 个层面分别是:句子类型意义(sentence-type meaning)、话语类型意义(utterance-type meaning)和话语例型意义(utterance-token meaning),话语类型意义层面居于句子类型意义层面和话语例型意义层面中间,并与两者均有不同,它比解码语言意义内容更丰富,但少于话语的完整意义。Levinson 认为话语类型意义是一种优先性的、默认的解释,"由话语结构承载,而不依靠特殊的话语语境"(Levinson 2000: 1),默认解释通过语用原则或语用触发语产生,"不是基于说话者的意图直接生成,而是语言正常使用时所传达的意义"(Levinson 2000:22),是按照语言结构和表达的默认使用规则自动生成的意义。关联理论者认为意义分为显性含义(explicature)和隐性含义两个层面,语用意义以语义输入为前提,在显性含义和隐性含义的生成过程中贯穿始终。Jaszczolt 认为话语参与者有意识的语用推论确实参与首要意义和次要意义生成的整个过程,但其与语义因素,即词汇意义和句子结构,在意义生成过程中始终交织在一起,地位平等,没有输入与输出的关系。

平衡语义学对意义中的语义—语用界面看法与以上观点均有所不同,该理论认为只有一个意义层面,语义因素和语用因素既不是输入与输出的关系,也不是时时刻刻相互交织,共同发挥作用,话语参与者需根据各自的语言知识,以及对可能世界的部分理解对话语意义进行博弈。"当话语的语码意义(字面用意、直接意向)与说话人的交际意义(真正意向、间接意向)同一时,受话人可以通过解码实现对话语的理解。然而,一旦两者不同,话语体现出说话人的间接意向时,受话人主要通过演绎推理获得;同时,语气词、联系用语等被传统语言学忽略的要素也是其间接意向的明示要素或标记。"(李洪儒 2009:6-7) 平衡语义学认为意义中不存在语义—语用界面,当语义因素难以确定意义时,听话人将寻求情境的帮助进行语用推理，同时“语用选择既要受到体现规约性的集体意向的限制，也要受到体现主体认知个人意向的限制”（张绍杰 2010：78）。在话语起始阶段，语义因素和语用因素结合即时情境在意义中达到平衡状态；在话语结束阶段，语义因素和语用因素再次达到平衡，而话语的完整意义便是从起始阶段的信息内容平衡点向结束阶段的信息内容平衡点的流动（flow of information）。

3.3.3.2 情境与语境

传统语境论观点认为，语用学的主要功能是理解语境如何影响话语意义。在真实交际中，话语参与者必须将相关文本与丰富的语境因素相联系，形成语用解释。具体来讲，在思想、社会和交互语境因素体系中，话语参与者需要识别或者检索出所需的语境。

后期的 Wittgenstein 语言哲学思想激励了日常语言分析的发展，是语境化的语言使用的哲学探究方法，不针对抽象的意义。在言语行为理论和 Grice 会话含义理论中，语境即为知识的观点趋于主导地位，因为语言使用者关于世界的知识指导语言的使用和解释。Lyons（1977：574）强调语言使用中知识的作用，包括权力与地位、正式程度、口语或笔语特征、主题和语域确定等知识，还指出与语境相互作用的语言特征的重要作用。Leech 认为语境是“任何由说话人和听话人共享的背景信息，可以帮助听话人解释说话人特定的话语意义”（Leech 1983：13）。Levinson 将语境限定为一些基本的话语参数，包括参与者的身份、位置、知识等等。

综上所述，语用学界对语境认识有所不同，同时体现出两方面主要问题：第一，对语境的认识大都集中在语言语境和社会语境两方面，忽略了交际时刻说话人和听话人周围的物理环境、交际活动的时间和地点以及周围的情况；第二，语境包含说话人和听话人对世界的认识，但这种认识既不完整，也不能共享，而是具有个体差异的。

平衡语义学认为意义生成的环境是情境，而非语境。在当代情境理论研究中，情境具有内部结构是一个普遍的假设，但 Barwise 和 Perry 认为外部环境制约情境，并对情境间的相似性和统一性进行调和。“要洞见语言的本质，须在充分考虑语言内部因素的同时，考虑语言同其他实在，例如外在物理世界、人的内在世界以及主观创造世界之间的联系。”（李洪儒 2011:3）人们按照个体、属性、关系和时空位置将情境汇聚并做出分类，言语交际的物理环境在意义的形成中发挥了重要的作用。平衡语义学认为情境是有限的一部分世界，情境的部分性属性说明，通常情况下情境不能解决所有问题，话语参与者对具体言语交际的背景会持不同看法，因为参与者具有个性的知识结构和认知习惯，他们对现实进行主观地认识、分类和解释，情感和目标影响社会认识，选择一个而不是另一个情境解释由主观偏好决定，并不取决于确定的、普遍的机制。

平衡语义学的情境在传统语言语境因素和社会语境因素以外，涵盖了物理因素，同时强调情境具有部分性特征，体现了话语参与者对话语理解的不同背景知识，更好地解释了交际中话语参与者的博弈行为和交际互动性。

平衡语义学是关于自然语言意义研究，尤其是后格赖斯语境论的可持续发展，是意义理论、信息理论和行为理论相互融合交织的产物，通过观察话语在交际情境中如何发挥作用来研究意义，使用博弈论这一形式化工具发展出话语意义模式，在部分信息相互依赖、相互联动的复杂博弈中达到平衡。该理论不仅对形式语义学有具体贡献，而且对语言与交际最初的理解给予形式化的发展。

3.4 动态平衡意义解释模式构建

现代语言学奠基人 Saussure 和美国语言学家 Chomsky 为语言及其理论发展带来划时代变革，他们的思想对后人对语言本质理解的影响巨大。Saussure 区分了共时语言观和历时语言观，认为共时是研究语言的基础条件和主要方面。19 世纪 60 年代，Chomsky 通过转换生成语法来挑战结构主义语言学和行为主义心理学原理，他认为“语言理论首要关注的是完全同质的（homogeneous）言语社团中理想的说话者-听话者，他们精通语言，在语言的真实使用中，不受记忆限制、分心、注意力和兴趣转移、失误等与语法无关的条件的限制”（Chomsky 1965:3），Chomsky 将语言视为一套规则系统，不受社会和情境因素变化影响，因而是永恒不变的、静态的（static）。Saussure 和 Chomsky 在语言学研究中的地位使得他们所秉承的语言静态观一直占据统治地位，但 Saussure 和 Chomsky 的观点略有不同，Saussure强调语言发展过程中的静态性，认为静态是观察语言、分析语言的前提，Chomsky没有否认语言发展这一历时过程，强调在共时条件下语言内部的静态封闭性，规避了语言与外界因素的互动。

语言的动态性同时存在于历时和共时两个层面上，任何系统的历史与未来是不可分割的结构因素，每个系统都存在着发展演变，发展演变是系统的属性，语言系统亦如此，因此并不存在纯粹的语言静态。语言具有语音、形态、词汇、句法、语义等内部要素，也具有社会和文化等外部要素，在同一时间点上，语言内部要素与语言外部要素相互作用、互相制约。语义是语言构成的基本要素之一，语义在共时和历时层面同样体现动态性。历时层面上，语义受到语言经济性、类推、语言接触、语言习得等机制的影响不断演变发展；共时层面上，语义一方面受到语音、词汇、句法等语言系统内部要素的影响，一方面受到人种、宗教、社会地位、性别、年龄、受教育程度等社会文化因素影响，在不同语境中体现不同含义。值得注意的是，这种历时和共时的语义动态性是相互交织的，语义的演变是连续的，只是在一定的时段内演变的速度会有不同，如果将语义的演变过程看成是一条直线，那么在构成这条直线的无数个点上都体现着该语义来自语言内部和语言外部的特征，同样，在语义演变过程中的某一个时间点上，该语义被来自各种社会文化背景的人使用，每个人对该语义的理解与认知都会有一定的偏差，为该语义在这一刻提供一个独一无二的诠释，那么，语义演变过程中，此刻的语义应是一个平均值，反映绝大多数语言使用者对该语义的认知。

本研究认为，动态性是语言的主导方面，是功能态；静态性是语言的一种相对的动态，是运动相对平稳时的存在形式，即动态平衡。在我们的生活中，许多状态都处于一种平衡中，例如大气平衡、水平衡、物理平衡、化学平衡、生态平衡、人体体液的酸碱平衡、人口发展平衡、贸易平衡、供求平衡等。换言之，平衡是物质系统在不断运动和变化情况下的宏观平衡。物质的动态平衡是指物质内部所有微观因素相对运动所出现的综合效果，是给外界带来的整体反映。同样，语言展现的静态表象是因为语言作为一个相对独立的系统，其内部组成范畴所做的相对运动，即产生的变化在相互抵消后所产生的综合变化并不明显。语言的动态平衡是相对的而不是绝对的，是运动的而不是静止的，是变化的而不是永恒不变的。同时，语言的动态平衡是语言内部自发调节的，是由语言内部的全部要素综合运动所产生的结果。宏观中存在着微观，微观中也有宏观影像。语言意义作为语言的一个重要组成部分，同样以动态平衡状态存在。

语义的平衡性是动态平衡，是相对的、不断运动的。语义具有动态性，语义随时间不断地进行演化，这种演变是缓慢的，没有明确分界点，新义项的出现和旧义项的消失均是从量变到质变的过程。在语义演变过程中，某一义项为人们所广泛接受并不代表该义项处于静止状态，而是影响语义改变的诸多因素达到了一种内部的平衡，该语义仍然随着语言的进化而运动，因此是一种动态的平衡状态。Prashant Parikh 在《语言与平衡》一书中指出，语义因素在意义解释过程中主要关注意义的指称和规约方面，语用因素则关注语言的使用和交际，尤其是非正式的语境意义，然而语义因素与语用因素在一个意义中很难截然分开，而是共存于意义中。他认为语义因素和语用因素以一种平衡的状态构成意义，并且这种平衡状态建立在博弈论和情境论基础之上（Parikh 2010）。

英语将来时助动词意义存在将来意义因素和情态意义因素，将来意义因素体现了形式表征的语义意义，是该助动词的句法意义，情态意义因素是说话人和听话人在言语交际过程中根据个人意愿进行的表达，具有很强的主观性因素，与语境紧密相关，属于语用意义。在英语将来时助动词意义构成中，语义意义因素和语用意义因素以平衡状态共存，针对每一个助动词所存在的情境，语义因素和语用因素进行博弈，客观将来意义表现强的情境，主观情态意义会随之变弱，并在认识情态意义、道义情态意义和动力情态意义连续统中找到定位，从而使将来意义因素与情态意义因素根据说话人和听话人的主观愿望达到一个最佳平衡点，即交际时的话语意义。

本研究认为，第一，词的各个义项都由许多意义因素构成并决定，如词汇原意、对句法的指向、语法化、语境因素和认知因素；第二，在某一语境中，词汇所具有的明确意义是以上各种影响意义的因素达到的一种动态平衡态；第三，语境的变化会打破某个或多个平衡链条，各意义因素会根据新语境的要求重新相互作用，达到新的平衡，从而产生新的义项。本研究认为语言研究要动静结合,从动态中发现语言的变化;从平衡态中观察语言现象,揭示语言规律。

本章小结

本章首先介绍了经典格赖斯会话含义理论,从方法论和概念两个方面分析其局限性。为了解决经典格赖斯会话含义理论所存在的问题,后格赖斯语用学蓬勃发展起来,其研究分为两个流派:语义最简论和语境论,前者认为语义内容中没有语境信息,后者主张句子只有结合言语行为的语境才能表达完整、确定的内容,尤以语境论的发展引人关注。Carston、Recanati、Bach、Levinson 和 Jaszczolt 等人提出了多种语境论意义解释模式,他们在对经典格赖斯理论作出补充和修改的同时,也存在解释力等问题。

本研究尝试引进新兴的后格赖斯平衡语义学理论,该理论将博弈论与情景语义学理论相融合,让情境、制约和信息的流动三者共同发挥作用。平衡语义学是关于自然语言意义研究,尤其是后格赖斯语境论的可持续发展,是意义理论、信息理论和行为理论相互融合交织的产物,通过观察话语在交际情境中如何发挥作用来研究意义,使用博弈论这一形式化工具发展出话语意义模式,在部分信息相互依赖、相互联动的复杂博弈中达到平衡。在此基础上,本研究将语言动态性特征引入平衡语义学理论,构建出动态平衡意义解释模式,从动态中发现英语将来时助动词意义的变化,从平衡态中观察英语将来时助动词意义,揭示其规律。

4　动态平衡视域中的英语将来时助动词意义分析

本章首先分析了影响英语将来时助动词意义动态性的主要因素——语法化因素、语境因素和认知因素，进而描述英语将来时助动词意义发展的动态平衡过程。本文将英语的发展划分为4个主要代表性阶段——古英语时期、中古英语时期、现代英语时期和当代英语时期，从各时期助动词意义的差异观察，意义在语言历史过程中发展的动态过程。

4.1　影响英语将来时助动词意义动态性的主要因素

在大多数传统语义学研究方法中，词汇项都与固定的、静态的意义相关联。然而，词汇意义会发生历时变化，关于会话的共时研究也显示出在具体情境语境中，会出现话语的具体意义，体现出意义动态性。

4.1.1　语法化因素

从1912年，Meillet提出语法化概念，语法化研究一直是历史语言学家们感兴趣的研究对象。语法化概念具有很强的散播性，如果不对其进行规则限制，语法化将把所有的语言历史变化囊括其中；语法化概念也极具挑战性，它对Saussure提出的语言历时和共时二分法和语法范畴的理想化分立提出质疑。同时，语法化为语言提供了一个动态模式，语篇和语法在其中交互，对语言形式的发展的解释，采取过程与结束点同等重要的态度。

"假使语言的抽象层面或者次层面，如词汇、语音、形态、句法、语义等，被看成是递进相关的范畴，那么优化这些范畴的动态过程也同样具有渐变属性。"(Lightfoot 2005：590)衡量语法化一直有一个标准，即语言变化是有次序的。通常,语义—语用变化、形态句法变化和形态音韵变化都会影响一个处于语法化过程中的语言现象。Bybee、Perkins 和 Pagliuca 认为语法化现象是“形式和意义的动态性共同演变”(Perkins & Pagliuca 1994: 20),McMahon 称为“交叉成分变化”或“相关变化综合体”(a syndrome of related changes)(McMahon 1994: 161)。在语法化过程中,一个无屈折变化的实词变为虚词,词汇从原有词类进入新词类的过程不是突然的,而是个体转变的渐进过程,语法化相互重叠的阶段形成一个链条,被称之为演变线路(cline),并且线路上的各个阶段并没有固定的位置,每次均有不同。Hopper 和 Traugott 证明了演变线路的各个阶段:实词→虚词→附着形式(clitic)→屈折性词缀。

演变线路中右边的语言现象比左边的语言现象虚词性更强,实词性更弱,以 will 为例:

实义动词→助动词→附着形式→屈折形式

(will ‘to will’ [main verb] →will [auxiliary] →’ll [clitic])

语法化过程的起点一般是一个应用广泛的具有实义的语言结构,结构中存在一个具有普遍意义的语素。如果该实义结构与另外的动词成分出现在同一个句子中,尤其是动词的非谓语形式,该实义结构有可能会演变为助动词。

语法化是实词范畴或结构在特定的词汇句法语境下发展成为时体标记等虚词。语法化过程中,结构和语义同时发生变化,语义变化要么先于结构变化,要么伴随结构发生变化(Bybee et al. 1994: 106;Emanatian 1992: 19)。语义发生改变后,出现结构变化,导致越来越强烈的限制性词汇语法分布,甚至有可能成为词缀,并伴随语音侵蚀(phonetic reduction)。语法化的模式可由下图表示:

使用的改变——→意义的改变——→形式的改变
(语用的)　(语义的)　(句法的+音韵的)

图 4-1　语法化模式

4.1.1.1 语义重新分析(reanalysis)

语法化过程中引发意义改变的基本机制是语义的重新分析,该现象可以描述为:一个表达式具有一个稳定的意义,但在特定的句法语境中,说话者对句子的某部分字面内容提出新的假设,以便让整个命题更为合理,就此意义发生改变,产生另外一个情境意义。说话人,尤其是正在习得语言的孩子,在认知的过程中直接将表达式的意义重新分析为新的情境意义。新意义和原意义作为表达式的意义可能会共存相当一段时间,然后发生改变,即表达式不再使用原意义,或具有新意义的表达式变形为新的表达式。如果新意义更为普遍、宽泛,我们认为语法化过程产生,与原表达式相比,新的表达式的语法功能增强,甚至变为附着形式或词缀。

语法化中语义的重新分析经常涉及句法的重新分析,例如在 be going to 的发展过程中,语法化从原结构(original construction)开始发展,其中 be+动名词被视为进行时时态,go 表示方向性动词,不定式结构 to 居于从属地位,具有表达目的的功能。派生结构(derivative construction)导致了句法上的顺序重排,be going to 被视为只表达将来意义的形式,构成一个完整的语言结构。在音韵简化(phonological simplification)过程中,be going to 变形为 be gonna,该结构重组现象更为明显,同时,音韵简化也是语法化的又一特征。

4.1.1.2 语义虚化(semantic bleaching)

引起意义变化的另一个语法化机制是语义虚化,意义表达越来越宽泛,语法意义蕴含越来越强烈。当经历语法化时,表达式与某些推论意义之间的关系变得规约化,表达式与事件、事物之间相关联的意义成分逐渐消失,而原实词中表达虚词用法的意义逐渐增强。例如,运动动词 go 具有"将来"的意义,在语法化的过程中,go 在原结构中需要后面跟目的性从句做补足语,主语应为具有施事能力的主语的特征逐渐消失。补足语可以为任意活动类动词,甚至是不表示活动的动词也可以,主语也无需一定具有实施能力。

(10) a. Mary is going to like Bill.

b. The roof is going to collapse soon.

go 表示运动目的的意义减弱，而原意义中表示“将来”的意义成分增强。当语法化的形式可以表达反复出现的语法特征时，尤其是表达时态，该形式则变得更为常用，直至固定下来。

在语义虚化的过程中，转喻对于语义的改变也发挥了一定作用，因为转喻源于“邻近性特征”，即空间的、时间的、原因的概念之间具有相近性。将邻近性特征概念延伸至句子中句法单位之间、句子间和意义与语境间的相近性，在相近的语言环境中，语法现象的意义容易发生改变。

4.1.2 语境因素

语境一词来自拉丁语 *contextus*，*con-* 的意思是“一起”（together），*texere* 的意思是编织（to weave），合到一起是“编织到一起的意思”，在晚期中古英语中表示文本的构建。

语言学中，语境在意义消歧和理解表达式实际意义过程中发挥着重要作用。因此，在应用语言学、计算语言学、认知语言学中一项重要任务便是证明语境为何能够引发意义变化以及语境怎样为理解一个表达式在文本中的特定意义提供有价值的信息。在言语沟通过程中，表达式在其拥有的多个义项中表达唯一的意义。人们普遍认为语境决定了表达式究竟表达哪种意义。语境决定了一个表达式的意义，而语境的识别很大程度上依赖于语言使用者的直觉。

广义语境包括语言层面的狭义语境[①]或文本内语境、周围具体的情景和各种抽象语境，例如对普遍世界或者专门领域知识的认知、对于其他参与者及其相互之间的关系的了解、对于各种交际活动类型和文本体裁的驾驭等等。话语与语境共同发展，在话语的交互过程中，参与者一方面依靠语境资源来理解话语，同时也创造新的语境以供接下来交互的使用。

Kerstin Norén 和 Per Linell 提出意义潜势（meaning potential）来突出语境对意义变化的影响。“词汇项或语法结构的意义潜势是一组特征的集合，与语境因素结合，包括语言层面的狭义语境和各种情景条件，是语言使用者认为的词汇和结构可能有的所有正确的用法及解释，或者只

① 狭义的语境（co-text）指任何口语或笔语文本周围的词汇或者句子，是语言层面的语境，也可以称之为文本内语境。广义的语境是话语产生的整体的环境，包括谁和谁在说话、正式还是非正式、为什么、目的是什么、何时、何地等等，是超语言层面的语境。

是包含在具体环境下有道理的用法及解释。说话人和听话人使用词汇或其他表达的意义潜势来表达或理解语境中的意义。"(Norén & Linell 2007:389)

目前所研究的大多数语法化过程都已在语言的历史发展过程中淹没了、规约化了,从某种意义上说,语言早期的形式与意义到后期的形式与意义的大多数变化无法清晰地复原。但一些语法化过程中意义变化发展的中间阶段可以通过共时语境差异(synchronic contextual variation)观察到的。目前研究认为这是语境驱动下的语法范畴演变,语境差异分析为重建(reconstruction)提供有力的工具:语法化演变的不同阶段通过不同的语境来反映,尤其是一个特殊的阶段——转换语境(the switch context)阶段,该阶段中,语境与概念化的交互促使新的语法意义的生成,如图所示:

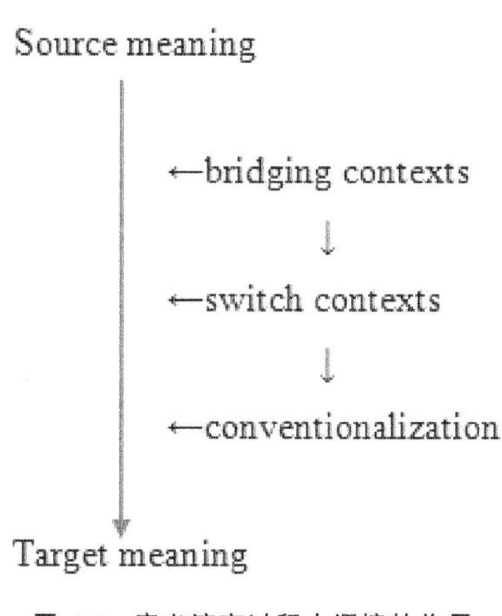

图 4-2 意义演变过程中语境的作用

在语境的作用下,新意义的产生经历了 4 个阶段。第一阶段,原义在各种不同的语境中使用;第二阶段,桥接语境(bridging context)的出现使得除了原义外,可以推导出另一种意义,且在此桥接语境中,新意义更为合理;第三阶段,新的转换语境使得原义的解释不再合理,转换语境可以被视为将原义排除在外的过滤器;第四阶段,是规约化阶段,目标义与原义不再相联系，目标义可以被进一步处理，它的语境限制是不固定的，还可以在新语境中被使用。

自从 Malinowski(1923)提出"文化语境"和"情境语境"对话语的影响、制约开始，人们逐渐对语境有了二分法的认识。Firth(1957)认为语境分为由语言因素构成的上下文与非语言因素构成的情景语境两部分。语境是一个动态构念(dynamic construct)，它既可以是表达式所有意义出现的条件集合，也可以是某一个意义出现的知识触发。因此语境既有组合性，也有选择性。Istvan Kecskes(2000)认为意义构建不仅仅依靠情境化语境(situational context)，更重要的是将已有的经验性语境融入词汇意义价值中，作为情境化语境，在意义构建中发挥重要作用。经验性语境与话语当前的语境以辩证地、相互联系的方式存在。当前实际话语语境通过已有的经验性语境被审视，意义是已有经验与当前经验相互作用的结果，二者都具有社会—文化本质。在话语参与者的话语中，已有经验融入词汇意义，而当前经验则通过交际发生的实际情境语境来表现，由话语参与者个性化地进行解释。意义是在交际现场建立的，是个人语境和实际语境交互并相互影响的结果，个人语境通过话语参与者的语言来表现，实际语境靠话语参与者来解释。语境的动态性指当人们说话或写作时，人们努力想要表达能够适应实际语境的话语。同时，人们说话或写作的方式，包括词汇、表达和话语，创造了某一特定交际活动发生的特有情境或语境。在话语交际中，人们试图让自己的语言符合语境，反过来，他们的语言本身就是最初的语境。语言既创造语境，又被语境所创造。

背景知识因素源于人们个体的认知系统，与语言语境和情境语境有所不同，因此又出现了背景知识语境、语言语境和情境语境的语境三分法。语境分类的角度逐渐增多，语境研究也出现了多元化的趋势，出现了 Lynons(1977)的 6 分法、何兆熊(1987)的 10 分法、Brown 和 Yule(1983)的 11 分法等。分类角度复杂，语境的种类呈现无穷化特点，并且失去了统一的标准。针对该情况，人们将语境视为不断变化的场景，从而使话语参与者的交际过程得以持续进行(Mey 2001:39)。语境处于发展变化的言语过程中，语境随着交际双方对言语使用的特点而发生变化。交际者理解每一句话语所需的语境因素都会有所不同，对一句话的理解可以成为下一句的语境输入，这是一个叠加的过程，也是一个动态的过程。

语境的动态性导致意义的动态性，语境主义者认为词汇和语法结构没有固定的、现成的、在所有环境下均可使用或者均可被实现的意义。在语言使用者的头脑中，语言与具体的情景化语境有必要的交互关系。Croft 和 Cruse（2004）提出了语境作用下的“意义动态构念”（dynamic construal of meaning），Sinclair 也强调，“即使不是大多数，也有许多常规意义的实现不能仅仅依靠词汇本身”（Sinclair 2004：133）。这说明意义的构成虽然相对稳定，但也是开放的、动态的，语境可以解释词汇何时为规约意义，何时为非常规用法。在意义构建过程中，信息的提供与实际语境具有相同的重要性，既有外部因素和内部因素融入语境。交际过程是一个具有结构的整体，Sciabarra 应用辩证法思想来解释语境，认为，“辩证法是语境维系的艺术，因为它建议我们通过抽象和整体技巧来掌握任何事物的全部语境。通过从不同有利视角和不同的普遍性层面来检验一个事物，我们对它先前的条件、相互关系和倾向有更加全面的掌握”（Sciabarra 2002：381）。

语境包括对外部世界先前的和目前的经验。两方面的世界知识都参与意义构建。两方面的语境在话语中进行博弈，参与程度不断变化，话语参与者在两种语境中寻找一个最佳的理解点，能将个人语境与实际语境充分结合。人类的语言信息和实际语境之间存在一种交互关系。语言将先前的语境编码，用于理解实际语境，每个词汇项都具有是一个语境知识库；也就是说，它总是对先前反复发生的语境指称有隐性索引作用。甚至当不存在显性语境（实际情境语境）时，一个人可以在理解过程中通过先前经验所存储的知识来构建意义（Katz 2005）。

研究英语将来时助动词意义时，还可以进一步体现出语境的动态性。因为语境不仅可以影响单一语言的意义加工，还能解释双语或多语的意义构建与理解。当人们研究和理解二语的语言现象时，需要使用不同的认知建构方式来得出意义，不同的语言以不同的方式组织自身的背景知识。研究另一种语言现象需要对该语言的认知和文化进行重构。

4.1.3 认知因素

人们在头脑中加工语境、建立语境知识库，从而对话语做出个性化的理解,体现了很强的个体性。在给定的话语共同体中,个人对词汇项的社会—文化经历不同,先前的经验存储在个体认知系统中,在特定言语共同体说话人的头脑中,与表达式相融合,个人认知意义与核心知识相并合,构成个人语境意义,而个人特有的知识不会被话语共同体的其他成员分享,因为它是社会—文化语境的个性化反映,这种意义的得出依靠的是个体的认知,即默认和推理。

4.1.3.1 默认与推论

1)英语将来时助动词默认意义

默认意义是由语言的规约使用所触发的非真值条件意义,在没有语境的参与下所生成的非推论意义。一些语言学家(Bach 1984:65, 1994b, 1997:8, 2007; Levinson 1995, 2000;Recanati 2001:128, 2002b:299, 2003:17, 2004;Jaszczolt 1999, 2005, 2006a:5, 2006b, 2007:41, 2008, 2009a, 2009b, 2009c, 2009d, 2009e, 2009f, 2009g)对默认意义持相同的观点,他们认为默认意义是非标记的、可推导的,他们与语言结构相关联,在没有语境的情况下也可以优先获得解释。

默认意义可以由 3 个因素触发。首先,句子的词和结构导致默认意义的产生。其次,默认意义受社会文化规约的影响。最后,默认意义与认知因素相关联,即交际意图,仍然受社会和文化规约的约束。规约性不仅确保听话者能够自动识别出说话者的意图,而且为默认意义的产生提供了保证(Lewis 1996:135-136)。

目前有 4 种有影响力的后格赖斯意义解释模型,对默认意义有所讨论。第一,Bach 认为话语理解中的默认意义是比较唐突的,如果没有语境的干预,默认意义的准确性有待确定。第二,Levinson 在一般会话含义理论中指出,默认意义,既不完全属于语义学范畴也不完全属于语用学范畴,它居于中间位置,一方面它系统地影响着语法和语义,另一方面又影响着说话者意义(Levinson 2000: 25)。默认意义由理性和交际行为引发,例如 Q-原则、M-原则和 I-原则。第三,Recanati 认为默认语义是对语义的一种补充,它他不受句子逻辑形式的控制。Recanati 认为默认语义是自动的、未经深思熟虑的、潜意识的(2002a: 105-126, 2003: 299-332, 2004)。第四,根据 Jaszczolt 的默认语义学观点,默认意义是显著的、非标记的、自动的。默认意义是通过人类认知过程的特征以及社会和文化的影响产生的(Jaszczolt 2009c：123)。

总之,当说话者说出一句话表达一个命题时,听话者可以在语言使用的一般会话含义指导下自动并直接地理解说话者的意思。也就是说,听话者无需有意识地根据一系列语言原则去推断说话者的意思,除非这种直接交流被其他原因所打断。默认意义与说话者的交际意图直接相关。交际意图的强度越高,人们越能自主、自动地识别话语的所指内容。

2)英语将来时助动词推论意义

在语用学中,来源于特定词语和句子的规约意义叫做默认意义,其他意义则是会话推论的结果。Grice 为交际中的推论意义奠定了基础,推论意义替代了经典语码理论。根据语码理论,说话者将想要传递的信息编码,听话者根据相同的方式将信息解码。根据推论意义,说话者通过表达意图来传递一个特定意义,听话者通过识别说话者的意图,对其意义进行推论。

Grice 的核心观点是说话者的话语会自发的创造一个预期,这个预期会引导听话者推断说话者的意图(Grice 1975：53，Grice 1978：41-43)。Grice 根据合作原则中的质量准则、数量准则、关系准则和方式准则对这些预期进行描述(Grice 1989：368-372)。要对会话含义进行推论,听话者要依靠这些准则并结合对话语字面内容以及话语表达方式的观察,还要结合话语的语境、会话的目的等推论意义。

关联理论与 Grice 的理论有相同之处,话语会提高对话语关联性的期待,“由话语所产生的相关性期待是足够精确的,也是完全可以预测的,它可以引导听话者朝着发话者意义去理解”(Wilson and Sperber 2004：608)。在关联理论中,原来的推理交际被明示推理交际所取代,明示推理交际含有两层交际意图:①信息意图,告知听话者某事;②交际意图,告知听话者某人的信息意图。

对会话含义的推论是依赖于语境和上下文的解释过程,通过这种推论方式,交际的参与者可以评估他人的意图,推论是基于一些主要原则生成的,这些原则支配着合理的、理性的会话,如 Grice 的合作原则和会话准则、Levinson 的引发原则和关联理论等。

意义理论应该强调会话中意义构成的一般机制,包括那些使用规约的机制,因为这是理性人类行为所固有的方法。这一机制可以解释听话者如何通过捷径恢复说话人的意义。这些捷径可以通过假设情景以及人类认知过程的假设得以实现。

4.1.3.2 认知与语境

意义的生成与理解过程依靠人类认知体系中的两个系统:意义构建系统和意义提示系统(meaning prompting system)。语言形式促进意义构建,但语言形式与语言意义不是一一对应的关系,意义远比语言形式丰富得多,因为"语法只反映一小部分普遍框架和空间架构,它们可以用来组织成大量我们遇到和想象到的情境"(Fauconnier 1997:190)。有限的语言形式由于自身的可融合性可以覆盖大量有意义的情境。

传统的语码理论,即人类交际中的编码与解码只适应于句法分析层面,而不适应于概念结构层面,因为概念系统与语言系统相比不但丰富而且开放。语言形式在蕴含意义生成时,语言形式对应的字面意义可以与实际交际意义相同或相近,也有可能与实际意义相差甚远,如果是后者,推论系统则开始发挥作用。语言意义生成和理解在一定程度上依靠语言形式,因为语言形式能够传递的意义呈现规律性,是人类对意义构建的经验的表现。人类在交际时,先将经验中的意义与语言形式融合,再通过混合、映射、架构等认知过程,构建语言形式的真实交际意义。那么混合、映射、架构等认知过程是如何产生的呢?

公共语境(public context)是个人语境的公共部分,指的是已经规约化了的概念内容,提供给话语共同体中的每一个成员。决定表达式的意义的因素既有静态因素,也有动态因素,是给定表达式在不同情境语境中实际使用的结果。说话人的个人语境被编码于表达式,并在实际语言语境中被表达出来,从外部视角看,说话人在实际语境中说出话语,从内部视角看,话语符合说话人和听话人头脑中的个人认知语境。意义是说话人和听话人各自的个人语境在实际语境中相互博弈的结果。

理解意义构建系统和意义促进系统关系的关键是语境,语境在交际过程中呈现出不同的形式和功能,意义依靠语境来具体化,人类心智首先储存经验,并在经验中寻找语言形式,这些语言形式塑造人们如何处理接下来的经验，并再次存储到头脑中。标准的、先前反复发生的语境让人类可以理解和预测我们周围的世界是如何运转的，表达式的语言意义指的就是这些标准语境中的意义。

4.1.3.3 认知与情态

情态是评价说话人意向性最重要的标准，是人们表达将来事物时进行认知加工的基本体现。从方法论和本体论出发探究情态的本质，有利于理解人类在意义认知中的平衡过程。

1)英语将来时助动词情态意义分类

交际中的情态意义可以分为3类：认识情态意义(epistemic modal meaning)、道义情态意义(deontic modal meaning)和动力情态意义(dynamic modal meaning)(von Wright 1951；Lyons 1977；Kratzer 1981；Coates 1983；Palmer 1979，2001；Sweetser 1990；Bybee and Fleischman 1995)。认识情态意义表示说话人对命题真实性的肯定程度，是命题以外(extra-propositional)的意义因素，分为认识必然性和认识可能性；道义情态意义关注具有道德责任主体执行行为的必要性或可能性，如义务和许可；动力情态意义包括真实世界的能力、可能性和意图或意愿等概念范畴。道义情态意义与动力情态意义是面向主体(agent-oriented)的情态意义，被归入同一范畴——根情态意义(root modal meaning)，认识情态意义面向说话人(speaker-oriented)，分为能力、将来性、预测、习惯等意义。

Coates将情态意义分为12个子类：强义务(strong obligation)、弱义务(weak obligation)、许可、意愿、预测、能力、根情态可能性、认识情态可能性、自信推论、初步推论、假设和类虚拟语气，其中义务、可能性和推论意义都有等级，情态意义以模糊集合(fuzzy set)形式存在(Coates 1983：5)。“在根情态范畴和认识情态范畴中，我们发现了从主观意义到客观意义的连续统”(Lyons 1977：797)，各个情态意义范畴均有中心情态意义和边缘情态意义，情态意义范畴之间边界不明显，是边缘重叠的，构成连续统，一个情态意义可能即属于认识情态意义范畴，也蕴含一定根情态意义，那么一个英语将来时助动词的情态意义因素也应构成一个连续统，在不同的语境中，根据说话人主观态度，表现为不同等级的认识情态意义、道义情态意义和动力情态意义，甚至是 2 种或 3 种情态意义的综合含义。

情态的分类主要涉及两个主要参数：意义参数（parameter sense）和来源参数（parameter source）（Annerieke 2006：68），前者是判定是否为情态意义的重要参数，后者主要用来鉴别情态的各类意义。根据意义参数，表示可能或必然的情态可分为以下 4 个意义等级：潜在性、倾向性、可能性、必然性，如下图所示：

图 4-3　意义参数的等级

根据来源参数，Palmer 把情态分成认识情态、道义情态、动力情态和根情态。认识情态表示说话人的信念和态度，非认识情态进一步分为道义情态和动力情态。认识情态依赖外部因素，与责任或允许相关；非认识情态与主体能力或意愿相关，取决于内部因素（Palmer 2001：9）。

Jaszczolt 运用情态领域的专业术语“认识必然和倾向必然”（Jaszczolt 2005：147）区分将来时的不同情态意义。Jaszczolt 将意义参数与来源参数融合，同时将表示逻辑的，形而上学的情态（即逻辑情态）应用于默认语义学框架之中，在更广义的层面表示可能和必然的含义。“虽然在人类自然语言当中很难找到逻辑情态的实际语料，但为了情态分类的完整性仍需将逻辑情态纳入情态系统之中。”（von Fintel 2006：2）正如 van der Auwera 和 Plungian 所评论的那样，“我们可以从不同的角度对情态进行定义和分类，并没有绝对统一的方式”（van der Auwera & Plungian1998：80）。本研究主要应用来源参数对情态分类的方式，从认识情态、道义情态和动力情态角度解释将来时意义。

认识情态指说话人对一个命题内容的真假作出真值判断的知识能力。认识情态中的“认识”一词来源于古希腊语 episteme，义为“知识”。一些学者认为，“认识情态与事物的知识和信念相关”（Lyons 1977：793），“认识情态修正了语义命题的真实性”（Lew 1997：146），“认识情态是以真值为导向的一种态度”（Jacobsson 1994：167），“认识情态与说话人假设或可能性相关，表明说话人对命题真实性的信心”(Coates 1983：18)，“认识情态通过运用意义或逻辑思维创造出与外在世界相吻合的表征”(James 1986：13)。因此认识情态是外在的或者是说话人对一个命题内容表达其态度的额外命题。

道义情态与允许或责任相关，“道义”这个词来源于古希腊语 deon，义为“责任”。一些学者认为，“道义情态关注的是有责任义务的施事者做出可能或必然的行为”(Lyons 1977：823)，“道义情态与责任和允许相关”(Trask 1997)，“道义情态与社会或法律制度上的责任相关”(Kärkkäinen 2003：150)，“道义情态涉及指令性的问题，或者与允许、责任这类概念有一定的关系”(Lew 1997：146)。因此道义情态是以话语为导向的非认识情态，可以进一步将其分为指示类(道义可能性及必然性)、许诺类、命令类和意志类及评价类。道义情态不包括表示身体及心理的能力和欲望，因为能力和欲望是动态的。从历时的角度看，道义情态意义大部分来源于认识情态意义。

动力情态来源于古希腊语 dynamis，义为“力量”，“表示物理上的可能性或必然性”(Kärkkäinen 2003：150)，“动力情态关注的是某些事件发生在特定环境下的倾向性”(Perkins 1983：34)或者“能力和意志”(Jacobsson 1994：167)。动力情态这个术语是 1951 年 von Wright 提出来的，与认识情态和道义情态不同，动力情态不具有主观性。Palmer 指出，动力情态主要考虑的是句子主语所具有的能力或意志，与其他情态类型不同的是它不具有主观性，可将动力情态进一步分为能力、力量、将来性、预测性和习惯(Palmer 1979：36)。

2)情态的认知意向性

传统的语义学通过结合词汇意义与句子结构对句义进行解释分析，这就证实了对句义的语义分析属于对句子的字面意义解释，并且依据实际情况可以判断出句子的真值。真值条件语义学就是在语义意义分析的基础之上发展起来的。相反，语用学研究的是话语的意义，关注话语在特定语境下的意义。然而，语义学与语用学的界限渐渐模糊，并出现语义欠明现象。传统的情态逻辑主要关注客观的句子意义而忽视话语意义，正如 Coates 所指出的，“传统意义中的情态主要依赖于以句子为基础的模块意义，这种情态观点关注独立命题的指称意义或真值，而当用来解释实际话语时就会出现严重的缺陷”(Coates 1990：53-54)。

Grice(1978)认为在判断句子的真值之前，需要从语用学角度考虑对指称表达式消除歧义并确定其所指。通过推理过程得到完整的话语解释，并把从语言学角度解释的结果看作前提。本文试图证明在英语将来时助动词意义理解过程中，情态是处理语义欠明以及完善话语意义的语用变体。

“意向性”一词来源于拉丁语 intentio，由其动词 intendere 演化而来，用来表示指向某一目标或事物，指与事物特征以及事物状态相关的心智力量。

在交际过程中说话人表达他们的意图。在传统的语用学当中，Grice 认为意义依赖于说话人的意图。“‘说话人 A 通过说 x 这句话表达其意义’就等同于‘说话人 A 说 x 这句话的意图是为了让听话人识别出其意图并对听话人产生一定的效果’。”(Grice 1989：220) 也就是说，如果听话人识别出来的意图与说话人实际想要表达的意图相一致，那么交际就是成功的，因此客观上认为语用学研究的是听话人如何能准确地识别出说话人想要表达的意图，以及听话人和说话人彼此如何能辨别其真正的意图。关联理论借鉴 Grice 的观点提出人类交际过程中的双意向性假设，主要通过区分传达某一既定内容的信息意图与交际意图来证实对听话人所凸显的是信息意图。新格赖斯学派代表人物 Levinson 也认为意图是整个交际的核心。“Grice 所指的意图是能够推动行为，从而激发人们去识别的意图，使开放的交际成为可能，这样的交际就不再局限于类似计算机指令系统那样的狭小空间内。”(Levinson 2006：87)

按照 Levinson 的观点，人类交际主要依赖于交际意图，交际意图存在于说话人的大脑之中，听话人根据推论识别其意图。Bach 认为，“语义学和语用学的界限并不完全模糊，它们各自的领域中虽有不明确的观点内容，但其本质的区分并不模糊，比如句子特征、语义特征、句法特征和音系特征都属于语言特征，它们具有统一的标准。语用特征体现在交际过程中的说话行为。句子所具有的特征独立于任何说出这些话的行为，说话人的意图不会赋予这些特征新的语义特征”(Bach 2004：27)。上述分析证明了意向性对语言特征无影响,它是语用学研究的核心问题,同时也是语用学中的重要特征。

从“意义”参数的视角,情态可以衡量说话人的确定性等级以及命题内容真值的可能性或必然性。说话人的意图决定他所认为的一个命题的确定性等级。Jaszczolt 运用表示心理状态的意向性特征,语用学中的交际特征与信息特征,同时又运用交际过程中的指称意图表明意图等级是对不同类型情态解释的结果。“最强有力的指向事件的意图会产生对交际事件最强有力的许可,而同时也会产生最弱的情态等级”(Jaszczolt 2005: 147)。Jaszczolt 认为意向性等级可以衡量情态,意向性与情态成反比。Palmer 指出,“在大多数相似语言的情态系统中,其形式与语言的口语系统有一定的关系。情态在语义上与独立的动词没有任何关系,而与整个句子相关”(Palmer 2001: 2)。因此我们不难发现复杂口语表达中出现的情态也具有意向性。

通过情态参与可以得知话语意义的基本信息,在交际过程中情态扮演着传递信息的作用。因此准确地说,情态能够促使话语产生意义。情态可以视为一个语用变体,它与意向性具有相同的语用特征,在交际过程中有利于说话人和听话人彼此理解对方的话语意义。

在默认语义学中,英语将来时助动词 will 在语境中作为情态动词。情态动词 will 没有出现语义歧义和语义欠明,而在不同的语境下却具有不同的情态等级。通过研究情态与意向性的关系,可以得出 will 在语境中表达的说话人的意向性。情态意义可以融合语法上的默认将来时意义而产生完整的并和表征模式,正如 von Fintel 所评论的:“在时间领域与情态相对应的是‘短暂性’(temporality),通常在口语表达中用典型的时态和体态表示短暂性。情态和短暂性都是‘移位性’的核心特征,并可以使自然语言跨越现实时间谈论事物”(von Fintel 2006: 35)。

通过上述分析,可以证明情态并不具有“静态性”的特征,will 除了具有情态意义还表示将来时意义。

3)情态的认知等级

在情态系统中,至少存在强、弱两种力量,在情态逻辑中,情态至少可以表示必然性和可能性意义。与情态相对应,意向性也同样具有等级。

在交际过程中根据不同的意向性等级可以实现不同的交际目的。Jaszczolt 提出，“意向性等级”原则（the principle of Degrees of Intention，缩写为 DI）：“DI：意向的大小不相同，也就意味着意向性具有等级”(Jaszczolt 2005：51)。

强弱不同的意向性会产生不同的话语意义，意向性等级与心理状态相对应的意向力量有一定的关系。意向性等级信息融合语义信息产生完整的命题表征。如果意向性等级是准确的，那么与不同解释相对应的不同意图等级也就是可以接受的，同时也就不会出现语义歧义或语义欠明。情态也如此，人们运用情态的不同等级与他人进行交际，其中包括确定性、可能性、责任性、倾向性等。较高的情态等级说明确定性程度、说服力度或者令人满意的程度较低，而较低的情态等级却说明讲话者对于所叙述的事实非常有把握或者双方进一步协商的可能性很低。

不同种类的情态，诸如认识情态、道义情态、动力情态，它们的情态等级也是不同的。认识情态标记说话者对一个命题真值的确定性等级，据此我们可以将认识情态进一步分为：①认识必然性（通过已知的命题在逻辑上蕴含）；②认识可能性（与已知的命题相一致）。根据说话者的判断，认识情态还可分为：①必然性和可能性；②言据性（所说命题的证据基础）。道义情态是以事件为导向的，被看作是态度范畴，表示评判者（一般指说话者）自身所承诺的事物状态外在的某种“道义”原则的等级（Nuyts, Byloo & Diepeveen 2005：8）。这些外在原则是一些与道义情态相关的力量。Nuyts 进一步做出解释，“道义情态一般指说话者在话语中所表达的事物状态的道义方面的等级。按照所蕴含的‘等级’概念，就可以产生这样渐变性等级：绝对的道义必然性、处于中间阶段的合意性（等级的积极方面）、可接受性、不合意性（等级的消极方面）、绝对的道义不可接受性”(Nuyts 2005：9)。动力情态表示意愿的等级，也可通过等级的方式对其进行分析。动力情态经历中间阶段等级最后实现内部需求，例如意志和意图、能力和潜能等。

Coates（1983）将情态分为以下 12 类：①责任（强）、②责任（弱）、③许可、④意志、⑤预测、⑥能力、⑦可能（动力情态）、⑧可能性（认识情态）、⑨推论（强）、⑩推论（弱）、⑪假设、⑫类虚拟。其中，①、②、⑨、⑩是按照从强到弱的情态等级分类的。“等级变化是根情态的重要特征,根情态依据虚拟性和强-弱连续统进行变化。”(Coates 1983：21) van der Auwera 和 Plungian 提出了表示认识情态和非认识情态可能性和必然性的语义分析,并用下面这个表格总结各类情态的等级(van der Auwera & Plungian 1998：79-124)：

表 4-1 情态的种类和等级

<table>
<tr><td rowspan="3">种类</td><td colspan="3">非认识情态</td><td rowspan="3">认识情态</td></tr>
<tr><td rowspan="2">动态情态</td><td colspan="2">道义情态</td></tr>
<tr><td>客观</td><td>主观</td></tr>
<tr><td rowspan="3">等级</td><td colspan="4">强</td></tr>
<tr><td colspan="4">中间层</td></tr>
<tr><td colspan="4">弱</td></tr>
</table>

Ugnius Mikučionis 将上述语义分析应用于挪威语情态系统中,为情态的研究提供了范式,如下表所示：

表 4-2 挪威语情态描述的语义分类(Mikučionis 2007：43)

<table>
<tr><td rowspan="4">种类</td><td colspan="3">情态</td><td rowspan="4">认识情态</td></tr>
<tr><td colspan="3">非认识情态</td></tr>
<tr><td rowspan="2">动态情态</td><td colspan="2">道义情态</td></tr>
<tr><td>客观</td><td>主观</td></tr>
<tr><td>强</td><td>强迫</td><td>必然</td><td>指令</td><td>断言</td></tr>
<tr><td>中间层</td><td>意志
意图</td><td>恰当</td><td>劝告</td><td>可能</td></tr>
<tr><td>弱</td><td>能力</td><td>可能</td><td>许可</td><td>推测</td></tr>
</table>

下文会进一步解释英语将来时助动词不同意义之间的关系以及在英语将来时助动词范畴内 will、shall 和 be going to 3 个助动词之间的意义关系。也就是说,不同的情态意义与其默认意义融合从而产生并和意义,

通常是由不同的情态等级所主导,而情态等级取决于说话者意向性的波动。

4)情态的认知连续性

“情态的显著特征是其在语义上的模糊性或确定性。”(Jacobsson 1994: 168)那么如何解决这个问题呢?本文试图证明情态具有连续性的特征,也就是说认识情态、道义情态、动力情态都处于连续的状态下,情态是一个连续的结构并且在任何一个语境下都不会出现模糊的意义。

人们普遍认为情态的发展是典型的语法化过程。语法化是历史语言学研究的范畴之一,主要关注的是词汇和语法变化的某一特定过程。为了更好地理解语法化过程,需要对含有具体词汇意义的实义词与几乎没有词汇意义的语法词或功能词进行区分,这两类词汇都在话语中表示不同成分之间的语法关系。“在特定的语言环境下,凭借着词项和结构的改变为语法功能服务,而一旦词项和结构被语法化,它们就会发展为新的语法功能。”(Hopper & Traugott 2003: 1)也就是说,语法化是实义词或词群失去其部分或全部词汇意义的过程并且随着过程的不断进行变得越来越符合语法要求。

“情态处于语法化的链条上,从实义词发展为情态助动词。情态助动词范畴中的核心词汇不明显,并产生具有过渡带的模糊范畴。”(Hansen 2003: 97)情态标记的语法化长期以来被认为是道义意义向认识意义转变的过程,是概念域之间的投射关系。Sweetser 认为情态的根情态意义是最基本的含义,这些意义隐喻地投射到认识域当中,并产生对认识意义的解释。“我认为根情态意义延伸到认识域之中的主要原因是我们通常运用外部世界的语言表征内部的心理世界,运用隐喻建构的内部世界平行于外部世界表征。”(Sweetser 1990: 50)

根据单向性假说,在语法化过程中,实义词意义最初发展为动力情态,然后逐步发展为道义情态和认识情态。

主要的情态参数是必然性和可能性,通过情态参数可以描述每个情态助动词的语义内容。Lyons(1977)认为从逻辑上看,必然性是从可能性演变而来,因此我们假定必然性和可能性实际上处在逐渐过渡阶段,同时伴随着情态的语法化演变过程。这样,人们可以谈论可能性的强与弱,而必然性就被认为是最强的可能性。正像 van der Auwera 所论述的："可能性和必然性的区分并不是非此即彼的事情。事实上，当我们处理渐变群时，在任何语言中任何情态渐变群中都会出现许多个点，而不仅仅只有一个简单的可能性点和必然性点。通常情况下很容易识别出可能性标记（像德语中的 könnte，kan，mag）和必然性标记（像德语中的 müsste，dürfte，wird，muss）。而居于渐变群中间位置的标记一般很难识别，像德语中的 sollte，是弱必然性情态的虚拟形式"（van der Auwera 2005：251-252）。

一个词从最初的词类向其他词类的转变不是骤然变化的结果，而是一段相当缓慢的发展过程。一般认为语法化过程最初开始于无曲折变化的实义词向功能词的转变。在语法化进程中，出现的重叠阶段会形成一串符号链，通常称作渐变群。

认识情态、道义情态、动力情态按照其不同的意向性等级可以被看作连续范畴。因此从动力情态到道义情态，最终发展到认识情态的过程是一个连续的语法化过程。

然而认识情态与一般将来时之间的情态关系还需要进一步探讨。目前有两个完全对立的观点：一部分学者认为认识情态是由将来时态标记演化而来，另外一部分学者认为将来时态标记是由认识情态演化而来。Bybee et al.认为将来时由限定的词源演变而来，通常来源于移动的动词结构，表示责任、欲望、能力的标记以及时间副词（Bybee et al.1994：244）。在她看来，将来时语素能真正的表达情态意义，比如欲望、意图、责任、必然性、习惯、普遍真理、要求、有礼地请求、推测等含义，但是在特定的语境下随着将来时的发展，将来时语素所保留的是动词的原始词汇意义，而不是由将来时意义发展而来的衍生义（Bybee 1987：112）。Mattoso Camara 通过假定将来时的 3 个等级来解决这个问题，她提出将来时的 3 个等级：情态、情态—时间、时间，每个等级都对应不同的语法层：①将来时作为纯语气用法，既可表示过去也可表示现在（非过去）；②将来时作为时态用法并用情态修饰就可取代非过去形式，同时表示将来；③将来时作为纯时态用法就等同于过去时和现在时的用法（Mattoso Camara 1956：33）。同时，Palmer 指出，"将来时可能被视为情态等级最高的时态,事实上过去时的非现实性与情态有着极大的相关性”(Palmer 2001: 209-210)。因此,将来时本身就可视为情态的连续统,认识情态与将来时的情态关系是连续的,同时随着认识情态到将来时标记的语法化过程的不断加深,情态力也在逐渐加强。总之,我们可以得出一个基本的假设:基于意向性等级,可以认为整个情态系统是一个连续的链条。

对于情态连续性进行详细阐述的主要目的是为了证明在每个英语将来时助动词意义解释的过程中,情态起到至关重要的作用,情态的连续性就类似于一根没有节点的绳子,是连续统一的整体,不可分割。在情态范畴内对英语将来时助动词的意义进行分析解释,可以有效地避免语义上的歧义和欠明。

4.2 英语将来时助动词意义发展的动态平衡过程

从时间视角来观察英语将来时助动词,其意义具有动态平衡性。英语随着时间的发展而发展,拥有自己的发展历史,英语最早可以追溯到公元前500年左右的凯尔特语(Celtic),在公元前55年,罗马人入侵大不列颠,并将拉丁语同时带入大不列颠,并作为官方语言使用,从而大大削弱了凯尔特语的应用。到了公元449年,随着罗马帝国的衰亡,来自丹麦和德国的盎格鲁人(Angles)、萨克逊人(Saxons)和朱特人(Jutes)入侵大不列颠,同时以上3个地区人的语言逐渐融合为一种新的通用语言,即盎格鲁—萨克逊语(Anglo-Saxon),晚期西撒克逊语最终成为统一的英语语言。经过长期的发展,盎格鲁—萨克逊语逐渐成熟稳定,到公元700年,被称为Englisc,后来就演变成English(英语)。

在语言历史的发展过程中,英语又可以被分为几个明显的历史阶段,在各个历史阶段中,英语的形态、词汇、句法和词义有着各自的特征。古英语时期是从5世纪中叶到11世纪中叶,古英语与现代英语截然不同,形态与读音差异很大,只有通过部分现代英语词汇中的词根能够观察到古英语的痕迹;中古英语时期是从11世纪晚期到15世纪晚期,在这个时期,词汇的形态发生巨大变化,尤其是词尾的简化,名词和形容词的词尾被简化为-e,表示复数形式的词尾-en被简化为-s,取消了词的阴阳性;近代英语时期是从15世纪晚期到17世纪晚期,这一时期的语音发生了较大变化，尤其是元音大推移，到了16世纪中叶到17世纪早期的William Shakespeare时期为止，英语的发展已经初见雏形了，尤其到了1604年，Robert Cawdrey出版了英语的第一本字典*Table Alphabeticall*；现代英语时期是从17世纪晚期至今，英国文学家Samuel Johnson在1755年编纂出版了一本权威的英语字典《约翰逊字典》(*A Dictionary of the English Language*)，基本规范了英语词汇的读音、拼写和词义。

英语的发展历史是动态的，语言每时每刻都在发生演化，所以将历史作为整体来看，它是一个动态的过程；从各个发展阶段来看，从一个阶段进入到另一个阶段，必然是一次质的飞跃，它的动态性体现明显，人们可以从中总结出诸多发展规律，在一个阶段的内部，同样也体现着动态性，一个阶段的开始是对上一个阶段继承与发展，经过该阶段的动态发展，语言又积攒了质的飞跃的条件，准备进入到下一个阶段。平衡性是在动态发展过程中相对稳定的一段时期，各个时期的特征就是平衡期的表现，平衡不是静态，而是变化小、稳定的动态。在时间的视角下，英语将来是助动词同样经历了从古英语，到中古英语，到近代英语，再到现代英语的发展，并且在每个时期都有比较明显的特征，集中体现这些特征的阶段就是平衡期，是动态平衡性的体现。

4.3 动态平衡视域中的英语将来时助动词意义分析

从古英语时期到现代英语时期的发展过程中，我们经常需要考虑的问题是英语将来时助动词的意义中语义因素与语用因素如何达到平衡？从句法方面而言，在情态意义的表达和功能使用过程中，原来的实义是如何反应的？在多大程度上，语义因素与语用因素发挥作用？说话人以何种方式选择语篇中的某种情态意义？本文从分析各个时期的意义来观察意义如何在动态的时期和动态的影响因素中达到相对平衡。

4.3.1 古英语时期

在古英语的大部分时期，英语中只有过去时和现在时，也称之为非过去时两种时态，将来时间一般由现在时、其他的词汇或语用手段实现：

(11) ic arīse and ic fare tō mīnum fæder

——*Bible Luke* 15

'I shall arise and go to my father'

同时,动词 willan、sculan、weoriþan 和 beon,以及动词前缀 ge-也可以传递将来意义。该时期的 willan(will)和 sceal(shall)只是偶尔,并且在对拉丁语将来时的书面翻译中才会出现,或者和现代情态动词用法一致,即通过必要性情态蕴含将来时含义。古英语中的 weorþan 与被动语态相连用,带有 weorþan 的现在时被动结构常具有将来含义(Kilpiö 1989: 61-62)。同样,古英语中 beon 作为将来时的用法常常表示将来的状态或是永恒的事实,也具有一定的局限性。通过芬兰赫尔辛基大学建成历史英语语料库(the Helsinki Corpus)古英语部分,Wischer(2006: 176)统计了阿尔佛雷德(Alfred)的《波伊提乌》(*Boethius*)[①]中将来时表达的用法,其中 willan 出现 11 次,现在时陈述句出现 5 次,beon 出现 4 次,sculan 出现 3 次,现在时虚拟语气出现 1 次,weorthan 出现 1 次,willan 占据了所有将来时用法的 44%,因此,will 和 shall 发展成为古英语时期的将来时标记有其必要性一面。

4.3.1.1 will

在古英语时期,will 的原形为 willan,will 主要用作实义词(名词和动词)来表示想要或愿望的意思。在这一时期,其主要包含 5 种不同形式(will、willa、willan、wille 和 willum)。其中,will、willa 和 willum 都具有名词词性。will 和 willa 可用来表示"愿望"、"意志"和"要求"等含义。而 will 则更多地用来表示自己本身所具有的"愿望"。与 will、willa 和 willum 有所不同,willan 和 wille 具有动词词性,用以表示人的"意愿"、"要求"等意义。

① 古英语语料比较有限,人们常用语料库进行分析,该语料库具有 8 万词的文本片段,时间分布在 880-1120 年,其中 AB 为 Alfred's Boethius(ca. 880)的缩写,11 000 词,为西撒克逊方言,译自拉丁语;AC 为 Alfred's Cura Pastoralis(ca. 885)的缩写,18 000 词,为西撒克逊方言,译自拉丁语;AO 为 Alfred's Orosius(ca. 885)的缩写,9 000 词,为西撒克逊方言,译自拉丁语;WG 为 West Saxon Gospels(ca. 990)的缩写,10 000 词,为西撒克逊方言,译自拉丁语;LG 为 Lindisfarne Gospels(ca. 960)的缩写,9 000 词,为英国诺森伯兰郡方言;C1 为 Chronicle MS E(ca. 970-1050)的缩写,9 000 词,为西撒克逊方言;C2 为 Chronicle MS E(ca. 1070-1120)的缩写,9 000 词,为西撒克逊方言;GG 为 Gregory the Great(ca. 1100)的缩写,5 000 词,为西撒克逊方言,译自拉丁语。

(12) se ðe wyle soð specan

——*Beowulf* 2864

'He wishes to speak truly'.

在(12)中,wyle 被作为动词使用,通过使用该词,说话者表达其"意图"。

以《贝奥武夫》[①]共计 3182 句为语料进行统计分析,可以发现:

表 4-3 《贝奥武夫》中 will 出现频率统计表

变体	wille	willan	willum	willa	will
词性	实义动词	实义动词	名词	名词	名词
频率	11	8	3	2	0

如表 4-3 所示,wille 和 willan 作为动词在贝奥武夫中共出现 19 次,占整篇文章中 will 出现频率的 79.2%。willum 和 willa 用作名词,共出现 5 次,占 20.8%。而在这一时期,will 用作情态动词和将来时助动词来使用的情况并未出现。因此,在一定程度上可以认为,在古英语时期,will 主要用作实义词(名词和动词)表示"意愿"和"要求"。

尽管古英语句法中 will 和 shall 作为助动词并没有成为固定的范畴,词序仍然相对灵活,NICE 特征[②]并不明显,然而其语义却是其助动词地位的有力证明,在以下例句中,原始的实词意义不再发挥作用。

(13) Hu ne meaht þu gesion þæt ælc wyrt & ælc wudu *wile weaxan* on þæm lande selest þe him betst gerist...

——*AB*: 91

① 由于《贝奥武夫》是古英语时期用古英语记载的传说中最古老的一篇,对当时语言的使用情况具有较强的代表性。因此,我们选取该篇为语料进行统计研究。http://www.sacred-texts.com/neu/ascp/a04_01.htm

② 助动词的 NICE 特征中,N(negation)指他们的后面可以跟随 not 或 n't 表示否定;I(inversion)指的是在疑问句中,他们遵循主谓倒装原则;C(code)指的是当句子中的主要动词被省略的时候,助动词可以代替主语动词,例如,John never sings, but Mary does. E(emphasis)指的是助动词可以用来起强调作用。

'Canst thou not see that each plant and each tree *will grow* best in land that suits it best ...'

句中的主语不再是有生命的人，而是植物和树木这些无生命的事物，因此，原实词意义表示主观意愿的含义不再适用，该语境是意义发展中典型的"转换语境"，将 will 的实词意义过滤出去。

随着语法化程度的加强，will 的动力情态语义也不断弱化，可以表达认识情态的"推测，预测"，逐渐向将来时的标记发展。

（14）he cuæð ðæt ðæs Halgan Gæstes lar wille fleon leasunga.

——*AC*：243

'he said that the doctrine of the Holy Spirit *will* flee falsehood'

到了古英语晚期，will 基本已经发展出将来时的使用方法，和当今的将来时助动词意义相同，其意义中也有一定的情态色彩，在这种意义表达的过程中，will 与静态动词连用或者与主观意愿不再兼容，在此期间，语义弱化非常明显。同时，该时期的英语受到拉丁语的影响，尤其是拉丁语中将来时的使用，如：

（15）Ic *wille wyrcean* min setl on norðdæle and *wielle bion* gelic ðæm niehstan *ponam* sedem meam ad aquilonem et *ero* similes altissimo

——*AC*：111

通过以上的分析可以看出，在古英语时期，willan 的语义特征的语法化程度已经很高，willan 的原始实词意义已经被古英语中的其他动词和短语所替代，例如 wilnian 或 wesan/beon ＋ scyldig：

（16）Hwæþer þu giet ongite þæt ða uncweðendan gesceafta *wilnodon* to bionne on ecnesse swa ilces swa men. gif hi meahten?

——*AB*：92

'Dost thou yet perceive that the dumb creatures would like to live for ever, as men do, if they were able?'

(17) ... ac onfoh hiora nu, forðæm hit is se læcedom & se drenc þe þu lange wilnodest, þæt ðu þy eð mæge þære lare onfon

——*AB*：135

'Well then, hear one, for 'tis the medicine and the drink thou hast long been craving, so that thou mayest the more readily receive my teaching'

(18) ... se ðe ymb his hlafordes fiorh sierwe, sie he wið ðone his feores *scyldig* & ealles ðæs ðe he age

——*Alfred's Laws*：50

'the one who strives after his Lord's life, he may owe him his life and everything that he owns'

4.3.1.2 shall

在古英语时期，shall 在形式上和意义上都与现代英语有很大不同。shall 的动词原型为 sculan，当主语为第二人称单数时变为 seal(l)或者 sceal(l)，当主语为复数形式时变为 sculon，过去式为 sc(e)olde 或者 sc(e)alde. 同时，shall 的词义也经历了一定的变化，尤其在表示"责任、义务"义项时与现代英语用法有很大不同。

在古英语时期，shall 作为实义动词，表示"亏欠、欠债、负有义务"，同时还有一个情态意义，表示"责任、义务或强制"。在这一时期，shall 的情态意义与作为实义动词的意义有一定的联系。

shall 可以偶尔作为拉丁语将来时的书面翻译形式，虽然不是严格的翻译形式，但却反映出原始的拉丁语用法：

(19) þā dēadan sċeolon arīsan

——Bible 1 Corinthians 15：52

‘the dead shall arise again’

这个例子与现代的情态动词用法相似，通过必要性蕴含将来时含义。在间接引语中，可以找到例子，sceolde“should”在过去时中表达将来含义。

(20) Hīe ne wēndon ðætte ǣfre menn sċeolden swǣreccelēase weorðan

——转引自 Richard Hogg 2002：77

‘They did not think that ever men should so reckless become’

然而，这种表示“责任”的情态意义与现代英语中 shall 用作情态动词的意义并不完全吻合，shall 在“责任、义务”义项上大致具有以下几种含义，其中包括：有义务地去完成一项任务、有责任地去做指定的一项工作、按照合同要求履行相应的义务、必然或有义务地做某事等。同时 shall 也可用来表达一种可能、对未来发生事件的某种确定性意义等。因此，古英语时期 shall 的这些义项已经蕴含现代英语中的认识情态意义。

(21) Ic sceal eac niede þara monegena gewinna geswigian

——转引自 Traugott 1992：196

‘I must also necessarily be silent about those many battles’.

在例(21)中 shall 传达出一种必然的含义，在古英语中表示责任义项的 sceal 演变成一个弱将来情态动词。也就是说，在上述例句中情态意义已经弱化，需要通过副词 niede 来强化其含义，这就是语法化过程的典型特征。

(22) Swa *sceal* geong guma gode gewyrcean...

——*Beowulf*：20

'So a young warrior shall/must do good deeds.'

例(22)表示出 shall 除具有“责任、义务”的含义，与 must 用法有相似之处。

(23) Ic þæm godan *sceal*, for his mod-þræce, madmas beodan.

——*Beowulf*: 384

'I shall offer the good [man] treasures for his daring.'

例(23)中，shall 用在第一人称代词后，在表示责任或者许诺意义的同时也暗含着说话人的意图。

因此，在古英语时期，shall 主要用作动力情态意义表示“责任”和“义务”的含义，同时，shall 也有认识情态意义的用法，表达单纯的推测意义，如：

(24) Nu ðu miht ongitan hu hefig & hu earfoðe þis is eall to gerecanne; ac ic *sceal* þeah hwæthwugu his onginnan þe to tæcanne...

——*AB*: 127

'Now, thou canst perceive how heavy and how difficult it is to explain all this; but nevertheless *I will* set to work to teach thee somewhat ...'

也有对拉丁语中将来时用法的沿袭，进一步促进了将来时句法意义的形成，

(25) Ic cume eft to þe on þisne timan and þin wif Sarra *sceall habban* sunu

... et habebit filiumn Sara

——转引自 Kisbye 1971: 111

4.3.1.3 be going to

在古英语时期 go 有两种形式：gān 和 gangan，他们在形式上很相似，都有“去，走路”的含义，由于他们在形式和意义上的相似性从而促进了“go”的意义发展。最初这两个词之间的关系是：gangan 表示强调，是 gān 的完整形式，而 gān 是 gangan 的简略形式。gān 和 gangan 均来自原始日耳曼语，gān 意思是“去”，gangan 意思是“大步走”。他们的原始意义并没有完全消失，但这两个词之间的具体联系仍然还不确定，一般认为现代英语“go”的意义主要来自动词 gān。

go 在该时期可以表示即时性的含义，在 gān 后面加上词干 eod-、eode-、eodest-、eodon-表示过去。该词干来源于已经消失的德语动词 ire（译为“to go”）以及哥特语 gaggan 的过去式（译为“to go”）（*Oxford English Dictionary* 1989，vol. 6：409）。然而在 15 世纪之后动词 wend 的过去式 went 取代了 gān 的过去式，一直到中古英语时期 wend 几乎成为 go 的同义词，同时 wend 的不定式与现在式也不再使用。（*Oxford English Dictionary* 1989，vol. 6：617）在这一时期动词 go 具有进行体与最近将来的含义，表示完成活动所持续进行的时间，同时，动词 go 与其他动词具有相同的含义，却不具备相同的体态特征，因此动词 go 的过去式形式在历史的演变过程中具有不稳定性。另外，在古英语时期 be going to 结构更多地被用进行时，用“to be”表示持续正在进行的动作。

尽管在该时期“be going＋介词”已很普遍，但 be going to 结构中的 to 在语料中却很罕见。在古英语时期 be going to 结构还没有真正建立表示“意图”的含义。

(26) ðu oferfærest ðone sæ 7 bist gangende to Romesbyrig.

——*Gregory's Dialogues*：13. 30

'You'll be crossing the sea and going to Rome'.

在例(26)中，进行体 going 表示“持续进行的，不间断的动作”。另外在某种意义上可把 going 看作修饰语，如例(26)中的“going”可理解为旅行的一种方式，用于修饰该句的动词。

因此，在古英语时期“be going to”结构并没有出现表示“意图”、“预测”的含义。在该阶段用“be going＋介词”这一结构表示“动作正在进行，暗含动作持续不断的状态”，同时该结构中的介词不断变化，介词“to”没有完全固定下来。

4.3.2 中古英语时期

在中古英语时期，will、shall 和 be going to 的句法位置从实义动词进一步向助动词演变，除了原始的实词意义外，3 个将来时助动词获得了所有 3 种情态意义，尤其是将来时的意义与功能在语义与语用因素的共同作用及平衡后，表现已经十分明显。Chaucer 的《坎特伯雷故事集》（*The Canterbury Tales*）①是中古英语时期的代表作，保留完整且流传广泛，能够较为全面地反映出当时英语各方面的发展情况与演变过程，因此本文中古时期的例句大部分从该书中选取。

4.3.2.1 will

在中古英语时期，will 一词主要有如下五种变体形式，即：willen、wille、wilneth、wilnen 和 wolde。在中古英语时期，will 一词仍然可以用作实义词，沿袭其表示“意愿”、“要求”或“愿望”的含义，后面主要加名词作宾语，但该用法和意义在所有 will 的用法中所占的比例急剧减少，通过对《坎特伯雷故事集》的 5 篇故事——*General Prologue*、*The Knight's Tale*、*The Miller's Prologue*、*The Man of Law's Tale* 和 *The Wife of Bath's Prologue and Tale* 进行统计，共发现 201 处 will 的用法，在这些例句中，绝大多数的 will 用作助动词，只有 4.6% 的 will 仍然用作实义动词。

(27) The voys of people touchede the hevene,
So loude cride they with murie stevene,
'God save swich a lord, that is so good
He *wilneth* no destruccion of blood!'

① 本文《坎特伯雷故事集》的语料来自于 http://www.librarius.com/，该网站提供坎特伯雷故事集中所有故事的原文以及译文。

——*The Canterbury Tales*, *The Knight's Tale*: 1705-1709
'The voices of the people rent the skies,
Such was the uproar of their merry cries:
Now God save such a lord, who is so good,
He will not have destruction of men's blood!'

在中古英语时期,虽然情态系统还没有建立,但是 will 一词除了可以用作实义词表示"愿望"与"意愿"外,还出现了认识情态和动力情态的用法,在《坎特伯雷故事集》中,will 出现的 201 个例句中,其动力情态意义凸显,共出现 177 次,占所有意义的 88.1%;认识情态意义出现 24 次,占所有意义的 11.9%。

will 的动力情态意义源于它的实词意义,其中"意愿"的意义分布最广,有的例句意义介于实词意义和动力情态意义之间,例如(28),"意愿"意义由强及弱分布,例如(29)。

(28) I *wol* hym noght, thogh thou were deed tomorwe!
——*The Canterbury Tales*, *The Wife of Bath's Prologue*: 314
'I'd give him naught, though you were dead tomorrow.'

(29) And if ye vouche sauf that it be so,
Tel me anon, withouten wordes mo,
And I *wol* erly shape me therfore.
——*The Canterbury Tales*, *General Prologue*: 809-811
'And if you grant, agree it will be so,
Tell me at once, or if not, tell me no,
And I will get ready early. No more.'

will 的认识情态意义主要表现为对于将来事件的推测,通过说话人对于事件的肯定程度,可以观察到情态等级由强到弱的分布。(30)具有最强的认识情态等级,而(31)具有最弱的认识情态等级。

(30) ‘Amended?’ quod this knyght, ‘allas, nay, nay!
It *wol* nat been amended nevere mo;
——*The Canterbury Tales*, *The Wife of Bath's Prologue*: 1104-1105
‘Amended!’ cried this knight, ‘Alas, nay, nay!
It will not be amended ever, no! ’

(31) For trewely, ther is noon of us alle,
If any wight *wol* clawe us on the galle,
That we nel kike; for he seith us sooth.
——*The Canterbury Tales*, *The Wife of Bath's Prologue*: 945-947
‘For truly there is no one of us all,
If anyone will rub us on a gall,
That will not kick because he tells the truth.’

在一些 will 作为动词的语句中,可以发现其中包含了表示将来时意义用法的倾向。

(32) Women...also *wol* go on prigrimage more for sporte than for deuocian.
——*The Canterbury Tales*, *General Prologue*: 89
‘Women...also will go on prigrimage more for sport than for deuocian’.

(33) He hath considered shortly, in a clause,
The trespas of hem bothe, and eek the cuase,
And although that his ire hire gilt accused,
Yet in his resoun he hem bothe excused,
As thus: he thoghte wel that every man

Wol helpe hymself in love, if that he kan,
And eek delivere hymself out of prisoun;
——*The Canterbury Tales*, *The Knight's Tale*: 905-912
'He soon considered, to state the case in brief,
What cause they had for fighting, what for grief;
And though his anger still their guilt accused,
Yet in his reason he held them both excused;
In such wise: he thought well that every man
Will help himself in love, if he but can,
And will himself deliver from prison;'

在(32)中,will 与动词 go 连用,在(33)中,will 与动词 helpe 连用,表示"意愿"、"愿望",这是最初的最接近将来时助动词的用法,"它表示一种日常的行为,是天然的或天生的性情或习性的结果"(Kerkhof 1982: 188-189)。这一时期的 will 也包含一些其他用法,如用于表示对某种抽象事物,如法律或原因等的需求,但这种用法在十七世纪就消失了。

以《坎特伯雷故事集》作为语料进行统计分析可得:will 存在 wole、wolde 及 wolden 3 种形式的变体,不论用于哪种变体,will 在语料中主要以实义动词和情态动词的形式出现。如表 4-4 所示:

表 4-4 《坎特伯雷故事集》中 will 使用情况统计表

形式变体	wol	wolde	wolden
名词	0	0	0
实义动词	3	5	0
情态动词	4	16	1
将来时助动词	0	0	0

也就是说,在中古英语时期,will 一词或其变体主要用于动词形式,表示"愿望"、"要求"或"意愿"。与此同时,具有情态性用法的语句出现。这一时期已经出现了一些 will 表示将来意义的用法,但此时的 will 还未

真正演变为作为将来时助动词的惯用法。在古英语时期，will 主要作为实义名词来表示“愿望”、“要求”或“意愿”，而在中古英语时期，will 一词则更多地用于动词词性来表达不同的意义。在用作动词的前提下，在言语交际中，说话者逐渐加入自身的情感、语气等因素。虽然，在中古英语时期情态系统还未真正建立，但是伴随着 will 表情态的用法的出现，在一定程度上印证了 will 的情态动词的用法是在其作为实义动词的基础上不断演变的结果。

4.3.2.2 shall

在中古英语时期，shall 主要有以下几种形式：shall 的动词原形为 shal/schal，当主语为第二人称单数时变为 shalt，当主语为复数形式时变为 shul，其过去式为 sholde/scholde。在中古英语时期，shall 一词仍沿袭其表示“责任、义务”的含义，同时又出现了表示“意志”、“意图”的含义，该用法和意义在所有 shall 的用法中所占的比例比 will 减少的更为剧烈，通过对《坎特伯雷故事集》的 5 篇故事——*General Prologue*、*The Knight's Tale*、*The Miller's Prologue*、*The Man of Law's Tale* 和 *The Wife of Bath's Prologue and Tale* 进行统计，共发现 182 处 shall，在这些例句中只有 1.4%的 shall 仍然用作实义动词。

在这段时期，表示“意志”、“意图”和表示“责任”的根情态意义在当时仍然是普通用法，然而随着语境的不断变化，又出现了道义情态意义和认识情态意义，在《坎特伯雷故事集》的例句中，认识情态意义和道义情态意义出现较多，动力情态意义出现较少，认识情态意义共出现 84 次，占所有意义的 46.2%；道义情态意义共出现 78 次，占所有意义的 42.9%；动力情态意义共出现 20 次，占所有意义的 11%。

(34) Arte thou he that *shall* come, or look we for another?

——*Bible*, *Matthew* 11: 3

'Are you the one who is to come, or shall we look for another?'

(35) And I *schal* ware alle my wyt to wynne me peder.

——*Gawain*[1] 402

'And I shall use all my wit to find my way there.'

例(34)中的 shall 表达一种必然性,可以表示什么是正确的,什么是按要求或者符合普通法令的,或者什么是注定要发生的,这些义项都与责任相关。例(35)中 shall 用在第一人称后面表示意图的用法越来越普遍,逐渐体现倾向性的含义。从这两个例子我们可以发现,在中古英语时期 shall 已经不单单表示根情态意义"责任"、"意志"、"意图",逐渐向认识情态意义和道义情态意义方向发展。

(36) *scealt* deade sweltan

——*Genesis*[2] 2:17

'You shall suffer death'.

(37) Hwa *sceal* us awilian tone stan of dære tyrih? Se stan is ormætlice micel.

——*Ælfric*[3], Easter Sunday 184:19

'Who shall roll away the stone from the tomb for us? The stone is extremely large.'

在(36)和(37)中 shall 有"打算做什么,计划做某事"的含义,也就是说,在中古英语时期,shall 开始出现"将来"的含义,与现代英语不同的是 shall 可以用于伴随第二称单数表示将来,而不仅仅用于第一人称。

在中古英语时期,shall 一词及其变体主要用作情态动词,表示"责任"、"意志"或"意图"。与此同时,也出现了大量的表示人类认识情感的情态意义用法。同时,在这一时期,如(36),shall 开始出现表示将来时的

① 高文(Gawain)是亚瑟王圆桌骑士最伟大、最有风度的一位骑士,他是亚瑟王的表亲,是摩高斯的孩子,14 世纪的《高文爵士与绿骑士》(*Sir Gawain and the Green Knight*)记录着高文的生平与事迹。

② 创世纪(Genesis)是希伯来圣经的第一卷。

③ 埃尔弗里克(Ælfric)盎格鲁-撒克逊的大修道院院长,被认为是最伟大的古英语散文作家,在 990-995 年间,写了 2 部天主教布道文集(*Catholic Homilies*)。

含义，但此时的 shall 还未真正演变出作为将来时助动词的惯用法。

shall 在古英语时期主要表示"责任"，而在中古英语时期 shall 除了表示根情态"责任"、"意志"或"意图"，还出现了大量的认识情态意义。这说明在言语使用的过程中，说话者逐渐加入其自身的情感、语气等因素，并且随着时间的推移，shall 的情态意义越来越丰富。由于在情态意义的发展过程中，是以情态的由弱至强的顺序发展的，即情态意义不断强化，从动力情态意义向道义情态意义，再向认识情态意义，最后发展成为将来时助动词标记，通过对《坎特伯雷故事集》中 will 和 shall 出现的情况所进行的统计，可以看出，shall 的语法化程度较高，在中古英语时期，道义情态意义和认识情态意义已经占据主流，而在此阶段，will 的情态意义还是以动力情态意义为主，处于情态意义发展的早期阶段。

4.3.2.3 be going to

在古英语时期 be going to 用在动词词干后面加词缀-ende 表示动作正在进行，到了中古英语时期直接用 going 表示"进行"的含义。在该时期的语料中几乎找不到 be going to 完整形式的例子，但可以发现进行时形式"going"用作名词的例子，如(38)：

(38) a. My *going* graunted is by parliament.

——*Troilus and Criseyde*[①] 4：1297

同时，在该时期 going 用词缀-ing/yng(e)来表示，但使用 be going to 结构的语料仍然不是很多。下面这句话中没有出现 be，却出现了不定式 to：

(38) b. At ðe nyhte from ðe sonne *goynge to reste* til in ðe morwe at ðe sunne risinge

——转引自 Disney 2009：66

'At night from sunset until the following day at sunrise.'

---

① 《脱爱勒斯与克莱西达》(*Troilus and Criseyde*)是乔叟在 14 世纪 80 年代用中古英语创作的长诗，重新讲述了脱爱勒斯与克莱西达悲剧故事。

在该时期也有一些不具有“移动”的意义，但表示“意图”的用法，其中如例(39a)主要来自对拉丁语的翻译(Danchev and Kytö 1994：62)，例(39b)是从法语中翻译过来的句子。

(39) a. Therefore while thys onhappy sowle by vyctoryse pompys of her enmyes *was goyng to* be broughte into helle for the synne and onleful lustys of her body.

——*The Revelation to the Monk of Evesham* 1482:43

b. ‘sir’, quod Gerames, ‘we be Frenchmen, pylgrmes, & *are goyng to* offer at yeholy sepulcre.

——*Huen of Burdeux* 1534:191

Pertejo(1999：136)认为很难确定早期的 be going to 语料是否受到对原作品改述的影响，还是那个时期翻译该语言的译者已经掌握了 be going to 结构的用法。大部分的研究者发现 be going to 完整结构的用法直到 17 世纪才开始出现在翻译文本中。

随着历史的演变，到中古英语时期 going 后面的不定式 to 基本固定下来，构成“going＋to”结构。在 Middle English Dictionary(1963)中出现了 9 例“going＋to”的结构，主要表示“开始或持续某项活动”、“进入一种状态”。因此，到中古英语时期“going＋to”结构逐步向现代英语 be going to 转变，其将来时含义也在不断完善发展。

4.3.3 现代英语时期

在现代英语中，will 和 shall 的助动词用法已经非常稳定，并且各自有了明确的分工，跟随不同的主语。be going to 结构的意义发展以及它的用法范畴与 will 和 shall 均有所不同，因为 be going to 的意义来源于空间的动作，而不是局限于满足人的愿望和责任的内部和外部条件，因此 be going to 结构作为将来时助动词的历史比 will 和 shall 短，语义的变化也较少，到了现代英语时期，它的意义仍然可以直接从原实义动词意义中得出。

4.3.3.1　will

在现代英语中，will 一词仍然可以用作名词和动词，表示“意愿”、“要求”与“愿望”。同时也出现了 will 用作辅助性的动词的用法，用以辅助其他的主要动词来表示某种潜在性或可能性。

(40) *Will* you walk with me? (BNC)

这种形式的使用范围在现代英语时期不断扩大，用来传递潜在性、可能性、将来性等情态意义，可以把 will 的这种用法归于情态意义表达法，它是从中古英语时期 will 表示自发行为或有意识意图发展而来的。

(41) But all in vaine, good Queene, it *will* not bee.

——William Shakespeare's *Venus and Adonis*[①]

'But it will be all in vain, good Queen, it cannot be done'.

这一时期，will 表示将来的用法得到了进一步的巩固，如(42)。

(42) O me, O me! My child, my only life,
Revive, look up, or I *will* die with thee!

——William Shakespeare's *Romeo and Juliet*

这一时期 will 也出现了一些其他的用法，如(43)：

(43) When he sayth that a man is justified by dedes & not of faith onlye, he *will* no more then that faith dothe not so justifie every there...

——*Bible* by Tindale[②]

① 莎士比亚剧作语料来源于 http://www.bartleby.com/70/index.html，包含 37 部作品。
② 廷代尔(Tindale)是第一个把原文本圣经译为现代英语的圣经翻译家。

'When he says that a man is justified by action and not of faith only, he means that faith is not used to justify everything'.

在(43)中,will 作为动词,用于表示方式、手段或确认某种意图,但该用法自 18 世纪后便不再使用。

以莎士比亚的 154 首 14 行诗①为语料进行统计,在现代英语中 will 的情态意义和助动词用法已经基本稳定。

表 4-5 莎士比亚 154 首 14 行诗中 will 使用情况统计表

词性	名词	实义动词	情态动词	将来时助动词
出现频率	21	3	19	14

如表 4-5 所示,在现代英语时期,will 作为实义动词的用法已经渐渐退出了历史舞台,相反情态意义和将来意义逐渐在使用中获得平衡,从而固定下来。

4.3.3.2 shall

在现代英语时期,shall 主要有两种形式:shall 与 shalt(用于第二人称),与古英语和中古英语时期相比,shall 表示"责任"含义的使用情况明显减少。表示"责任"含义的用法主要出现在政治和法律合同的语体当中。

现代英语时期 shall 延续了前两个阶段的含义,表示"责任、义务",但这个义项出现的频率明显减少,而表示"意志"、"意图"的含义得到进一步巩固,并且 shall 用作这两个义项的频率增多,如例(44)、(45):

(44) We *shall* fight. (BNC)

(45) Jul: I have forgot why I did call thee back.

Rom: Let me stand here till thou remember it.

---

① 该部分语料来自于 http://www.shakespeares-sonnets.com/,该网站名为 Shakespeare's sonnet(莎士比亚的 14 行诗),提供莎士比亚以及同时期其他作家十四行诗的原文、译文、难点释义等。

Jul：I *shall* forget，to have thee still stand there，Rememb'ring how I love thy company.

——William Shakespeare's *Romeo and Juliet*

随着 shall 义项的不断发展，shall 逐渐固定在第一人称代词后，并且表示倾向性的义项逐渐移向中间地带，变得模糊。由责任演化而来的将来时用法越来越普遍，同时随着倾向性含义的凸显，运用无生命的，非施事名词作主语的用法也越来越普遍。但是表示情态性的用法并没有扩展，有意图地完成一项任务不能用于伴随无生命的物体。如例(46)：

(46) and I *shall* get to London as soon as I can.（Coates 1983:186）

Coates(1983：186)认为，shall 具有以下 3 种情态意义：责任、听话人意志和意图。表示责任的义项通常用在笔语当中，最初用在法律文本中，这个义项是由 shall 最初表示责任的含义直接发展而来，如例(47)：

(47) A line of rails or tramway constructed under the power of this order *shall* not be used for the public conveyance of passengers unless it has been certified by the Minister to be fit for that purpose.（Coates 1983：191）

(48) *Shall* I ring him now，do you want me to ring him back?（BNC）

在例(48)中，当 shall 用在疑问句中，其后面接主动动词，表示听话人的意志。在这句话中，说话人迎合听话人的意愿，使听话人得到足够的信息量并同时体现出说话人的一种希望。shall 的这种用法是由其最初表示责任的义项发展而来，对于实施者(在这句话中指说话人)来说，责任是外在的物质源，说话人用于考察施加义务或责任的那个客体。

因此，在现代英语时期，shall 作为情态动词使用时，更多用来表示某种情态意义或将来意义。

4.3.3.3 be going to

在现代英语时期，be going to 结构在中古英语时期 going to 的基础上得到进一步发展，但该时期 be going to 是以名词短语作补语的形式出现在莎士比亚的一些文学作品当中。

(49) a. There are pilgrims *going to* Canterbury with rich offerings.

——William Shakespeare's *Henry IV*

b. ...and I *am going* with instruction *to* him.

——William Shakespeare's *Measure for Measure*

c. ...Then *was* I *going* prisoner *to* the Tower.

——William Shakespeare's *Richard III*

这一时期 be going to 的用法继承并发展了古英语时期 going 的动词性特征以及中古英语时期 going 所具有的名词性特征。随着历史的演变，be going to 结构在现代英语时期成为一个不可分割的短语，成为固定结构，作为助动词来使用，同时还出现了表示“意图”的含义。

(50) Letters to my friends, And I *am going to* deliver them.

——William Shakespeare's *Two Gentlemen of Verona*

这一时期表示“意图”的含义主要指非空间“意图”。在标准的语法化过程中，随着历史的不断演变，一些具有典型意义的语言结构会变得越来越抽象，be going to 的发展符合这一规律。Bybee 认为 be going to 结构中的核心动词 go 经历如下发展路径：“当个体在空间内沿着某一路径向某目标移动时，该个体同时也在随着时间移动。当说话人声称他/她打算做某事的时候，事实上他/她是表明其意图要做某件事。因此，从话语开始，意图就是话语意义的一部分，并且可以将表达意图的用法根据语境进行概括，话语的主语为了实现其意图不会在空间范围内移动”（Coates 1983：269）。

在 be going to 结构的整个语法化过程中，从单纯的表示“移动”的用法延伸到“有意图、目的”用法，一直扩展到“非移动的表示意图”用法，如（51）：

（51）Sir, the Germans desire to have three of your horses; the Duke himself will be tomorrow at court, and they *are going to* meet him.

——William Shakespeare's *The Merry Wives of Windsor*

例（51）中我们可以看到 be going to 结构显然具有意图的含义，同时也暗含了移动的意义，其中该句的时间指称 tomorrow 也很清晰地表明将来的含义。这一时期的语料表明当某一行为即将到来时，还可以用 about to ＋ V 表示实施者的意图。

因此，在现代英语时期，“be going to”结构已经完全确立，用作助动词，表示“意图、意愿”。

4.3.4 当代英语时期

当代英语时期，will、shall 和 be going to 作为将来时助动词的用法已经相对稳定，但意义仍然呈现出多样性和动态性，在表达将来语义的同时，可以融合多种语用因素，最终达到意义平衡。将来意义因素与愿望、意愿、责任、必要性、迫切性、习惯性、事实、具有特征的行为、命令、礼貌性的请求和推测等意义因素融合，这些语用因素可能是源于对原实义动词意义的保留，也可能是对将来意义条件下的发展，而这很难区分，但却是将来意义与语用意义因素的一种平衡状态。

4.3.4.1 will

根据《牛津高阶英汉双解辞典》中对 will 一词的概述可知，当代英语中 will 一词的词性可以分为两大类：名词词性和动词词性。动词词性可进一步分为情态动词和实义动词。作为情态动词时的 will，又包含 8 种不同的情态意义，其中最常用的用法就是该词条的第 1）、2）两条的含义，即“谈及将来”和“(表示意愿)愿、要、会、定要”。

1)谈及将来,(即 will 作为助动词表示将来的用法)

(52) How long will be staying in Paris?

2)(表示愿意)愿,要,会,定要

(53) They won't lend us any more money.

3)烦劳别人做事时用

(54) Will you send this letter for me, please?

4)命令时用

(55) You'll do it this minute!

5)含有肯定的意思

(56) That'll be the doctor now!

6)叙述一般真理

(57) If it's made of wood it will float.

7)叙述在某种情况下是真实或可能的事

(58) This jar will hold a kilo.

8)谈及习惯

(59) She'll listen to music, alone in her room, for hours.

其实,我们不难发现在表示情态意义时,will 本身并不包含十分明确的词义,而其具体的词义需要根据实际情况结合其所包含的情态程度来把握。

而在作为实义动词讲时,will 主要有如下 3 种词义。

1)立定志向;决心;决意

(60) As a child he had thought he could fly, if he willed it enough.

2)想要(某事发生)

(61) They thought they had been victorious in battle because God had willed it.

3)将(财产等)遗赠

(62) Joe had willed them everything he possessed.

与动词词义相同,will 作为名词时也有 3 种词义。

1)意志;毅力;自制力

(63) She always wants to impose her will on other people.

2)意愿;心愿

(64) I don't want to go against your will.

3)遗嘱

(65) My father left me the house in his will.

以上词条就是现代英语中 will 一词的主要词义,而这些意义大体上都与"欲望"、"意愿"、"意图"相关。

在 will 意义的历史演变过程中,最初用作实义词表示"意愿"、"要求"和"愿望"的意义最终并没有完全消失,但其使用频率却越来越低,而其情态性用法及将来时助动词用法的使用频率不断增加,从而巩固了 will 一词作为将来时助动词的地位。因此,现在当人们提及 will 时,通常会先将其看作将来时助动词来进行思考。在古英语时期,will 是一个实义词,可以用来表达"希望"、"意愿"、"意图"含义,在中古英语时期,will 一词仍主要用作实义词表示"希望"、"意愿"、"意图"等含义。但在该历史时期,一些表示情态性或将来性意义倾向的语句也随之出现。在现代英语时期，由于一些语法化意义的出现与强化，使 will 的原实词意义与语法化意义也随之发生改变。其中，实词意义开始减少，而用来表示情态性的意义不断增多。will 的情态性用法和将来性用法的地位得到巩固，为当代英语中 will 最终用法的确立打下基础。虽然，在不同的时期，will 曾出现过一些其他意义或用法，但这些用法并未能够沿用至今。因此，大体上可以认为在历时发展过程中，由于语法化现象的不断深入，will 一词的实词意义不断弱化，而情态意义不断加强，使得 will 一词在现代英语中更多的时候使用其表示情态性，用作将来时助动词，其作为实义词时表示“意愿”、“意图”意义的用法越来越少。

4.3.4.2 shall

在当代英语时期，shall 表示“责任”的义项很少用于普通语体中，主要用于正式的语境当中。其中有大部分表示“责任”的义项分布在法律文本当中。

通过比较前面 3 个阶段，可以得知 shall 最核心的根情态意义是“意图”，从语用学角度可理解为许诺或者威胁。同时根据《牛津高阶英汉双解辞典》中对 shall 一词的概述可知，当代英语中 shall 一词主要用作情态动词，包含 5 种不同的情态意义，其中最常用的用法就是表示“将来”以及“意图、意愿”。

1）谈及将来，同 I 和 We 连用（即 shall 作为助动词表示将来的用法），表示将要，将会。

（66） This time next week I shall be in Scotland.

2）表示提出或征求意见，在疑问句中同 I 和 We 连用。

（67） Shall I send you the book?

3）表示决心、命令或指示（必须、一定、应该）。

（68） He is determined that you shall succeed.

4)表示必然。

(69) Our day shall come.

5)法律或合同等规定的义务。

(70) The Tenant shall return the keys to the Landlord.

在 shall 表示情态意义时,其本身并不包含十分明确的词义,而其具体的词义需要根据实际情况结合其所包含的情态等级来确定。在现代英语中,shall 的主要词义都与"决心"、"意愿"、"必然"相关。

早期英语情态动词的义项都以实施者为导向,如情态动词 shall 在古英语时期具有"责任或命中注定的"的含义。而表示意图、意愿以及根情态可能性的这类情态意义都是由某些具体的词源意义发展而来,通过追溯情态动词 shall 的意义发展,我们可以发现 shall 最初作为动词,表示"欠债,负有义务",它的词源意义为"责任"这一义项。Bybee 和 Pagliuca (1987)指出这一时期 shall 表达以实施者为导向的助动词义项和表示倾向性或将来时义项之间的含义,这一时期 shall 普遍用来表达说话人的意图,尤其当实施者为第一人称时,如例(71)、(72):

(71) ... and I *shall* get to London as soon as I can. (Coates 1983)

(72) She finally said 'I don't argue with me, if you argue with me I *shall* put this phone down'. (Coates 1983)

根据以上两句我们发现,运用情态动词表达意图会进一步促进将来时意义的发展,因为一旦表示意图的义项确立,就会产生进一步的推理,可以推测出实施者做事的。

通过以上分析可以发现,在古英语时期 shall 一词最初是一个实义动词,表示"欠债、负有义务",而同时也具有情态意义表示"责任、义务"。在中古英语时期,shall 的情态意义逐渐发展,出现了表示"意志"、"意图"的含义,与此同时表示认识情态意义或将来性用法倾向的语句也随之出现。

现代英语时期时，由于语法化意义的出现与强化，shall 表示情态意义的用法不断增多，在历时发展过程中，由于语法化现象的不断深入，shall 一词的实词意义不断弱化，直至消失，而情态意义不断加强，使得 shall 在现代英语中更多地使用其情态意义。

4.3.4.3　be going to

在当代英语时期，be going to 是英语中表达将来时间的重要方式之一。它是一种固定结构，不可分开，不能与表示目的的动词 go 构成的组合混淆在一起。be going to 结构由 is/am/are ＋ going to 构成，be going to 表示将来，主要用于非正式口语中，表示两种含义："意愿、意图"和"对未来的预测"。

1）表示"意图，意愿，打算"。

（73）I'm going to have dinner with Jane tomorrow evening.

2）表示"预测、预见"。

（74）Look at these clouds! It's going to rain.

在某些特定的语境下，be going to 结构所传达的不仅仅是将来时意义，Palmer 认为，be going to 结构的非过去形式表明当前时间段内出现的一些特征会决定将来的事件，其中包括当前的决定或意图以及指向将来事件的当前活动（Palmer 1979：121）。Coates 指出 be going to 结构的"根情态"意义就是"事先预测到的一种意图"，"认识情态"意义就是"当前说话过程中对将来即将发生事件的一种预测"（Coates 1983：201）。因此，be going to 结构经常用来指即时的事件或者注定要发生不可避免的事件。

通过以上分析我们发现"be going to"结构在古英语时期是以"be going ＋ 介词"形式出现，表示"动作正在进行，有目的移动"。而在随后的中古英语时期，介词 to 的出现，构成"be going ＋ to"结构。除了表示"动作持续进行"，还表示"动作进行的方式"。而随着语法化现象的不断深化，直到现代英语时期才正式建立"be going to"结构，表示"意图、意愿”,结构已无移动的含义。到当代英语时期,be going to 结构除了表示“意图、意愿”,还出现了表示“对未来的预测”的含义。be going to 结构的发展可以追溯到古英语时期,动词 go 是结构的核心词,该结构主要包含四个独立的成分:核心动词 go、表示进行体的“词缀-ing”、助动词“be”以及“to”。随着历史的演变,这 4 个相对独立的成分不断变化融合并最终形成现代英语 be going to 结构。在成分不断融合发展的过程中动词 go 的将来时用法经历了语法化过程,并且该过程比较复杂,重新分析体现在一些特殊语境下孤立的例子中。并且,对于说话者而言,在该语境中足以看出新结构在语法化过程中句法和语义的新用法,新用法和新意义与原结构的意义和用法仍保持着一定的联系和相似性,但以前的某些用法在新结构中可能不再符合语法要求,这种语境即为转换语境。例如,之前可以用在运动事件前的修饰成分不再符合语法要求,

(75) *John is carefully going to like Paris.

be going to 结构中的 be 加动名词不再表示进行时语态,不再作为独立的语态,不能与其他的语态相提并论或进行句法转换。例如,一般过去时和现在完成时,如果转换会出现不符合语法的情况,

(76) a. John is going to understand the situation.
b. *John went to understand the situation.

(77) a. John is going to like New York.
b. *John has gone to like Paris.

一旦运动事件消失,则对于嵌入成分的语义限制也随之消失,只能表达将来时用法,

(78) a. John was going to finish his homework at 8 o’clock.
b. *John went to finish his homework at 8 o’clock.

在整个语法化的过程中，Bybee et al.(1994：130)认为 be going to 结构的意义发展与动词的跨语言研究相一致。意义的发展是基于“时间是空间”的隐喻，从而投射出“移动等同于将来”的概念（Bybee 1994：25)，也就是说“在空间内移动”被概念化成“跨越时间移动”的抽象概念，在语法化的进程中，被语法化的结构变得越来越抽象。

4.4 动态平衡视域中英语将来时助动词同现现象的意义分析

3 个英语将来时助动词所能构成的连用形式是 will/would be going to 和 shall/should will，本文将通过对英国国家语料库[①]（British National Corpus，简称 BNC)相关例句的查找，运用动态平衡语义模式，解释连用现象中的语义关系。

4.4.1 助动词同现及规则

英语将来时助动词的连用及其意义分析目前还未有专门研究，但双重情态动词(double modal，DM 或 modal concord)的句法和语义等特征描述在国内外已经受到关注（Battistella 1995，Boertien 1986，Di Paolo 1989，Elsman 2007，Mishoe 1991，Quirk et al 1985，Turner 1981，黄和斌 2000)，两种研究有相似之处。对双重情态动词的研究可分为两个流派：一是将双重情态动词结构看作是一个单独的词汇单元，二是将双重情态动词结构中的一个情态动词划分为非情态动词，如情态限定词（modal determiner)、附属副词（adverbial adjunct)或不定式动词。以上观点的提出具有一个相同的前提：所有的情态结构包含不多于一个的真正的情态因素。本文认为在同一个句子中出现的两个或多个将来时助动词不仅具有将来时标记的功能还具备情态意义。由于它们所表达的将来时意义与情态意义不同，因此会导致情态助动词意义之间的互动。双重情态动词结构中的两个情态动词都是真正的情态动词，执行与该情态动词单独使用时同样的情态意义功能，二者通过句法结构功能和意义的相互作用，

---

① BNC 语料库中书面语与口语并存，语料来源广泛，大部分为 20 世纪后期英式英语，具有时代性，语料库词容量超过 1 亿，其中书面语语料库 9 千余万词（主要从区域性和全国性报纸、适合各年龄段和各种兴趣人群的专业杂志和期刊、学术专著和通俗小说、发表和未发表的信件和备忘录、学校论文中提取语料)，口语语料库 1 千余万词（主要从自发的非正式谈话、正式的商业或政府会议、广播节目和电话连线中转写并提取语料)，具有代表性和权威性。

最终达到短暂的动态平衡，体现该语境中的意义。

英语将来时助动词意义由将来意义因素和情态意义因素构成，情态意义又体现在认识、道义和动力情态意义3个层面上，英语将来时助动词连用现象中，英语将来时助动词各自仍为独立的助动词，在将来意义和情态意义相互作用中达到一种瞬间的平衡，反映出该语境下的含义，随着语境的改变，相同的或不同的助动词重新联合，相互作用后，再次通过平衡表达即时含义。

4.4.1.1 助动词同现

英语中的将来时助动词 will、shall、be going to 可以同时出现在一个句子当中。这个语言现象在世界语法中是很普遍的。在英语中，双重情态是一个句法结构，指的是在一个从句中两个情态助动词可以连续地同时出现，像 might could 可以出现在“I might could help you.”这句话中，然而双重情态语言现象也有令人困扰的地方，例如下面的句子：

(79) He *should can* go tomorrow.（Brown 1991：74）
'He ought to be able to go tomorrow.'

(80) He *wouldn't could* have worked, even if you had asked him.（McDonald 1981：186）
'He wouldn't have been able to work even if you had asked him.'

(81) We don't have that, but you *might could* find that across the street.（Montgomery and Nagle 1993：103）
'We don't have that, but you might be able to find that across the street.'

在 Chomsky1957 年的《句法结构》一书中，生成语法认为语法表征中只能包含一个情态动词。然而，在美式英语的部分方言中却允许在一个从句中出现两个情态助动词。标准的英语语言用法中很少运用双重情态助动词结构，只有少数使用双重情态的例子，如“might have to”或者“may have used to”，而越来越多的双重情态助动词出现在一些地区或古代方言的口语当中。在讲美式英语的南部地区出现了一些短语，如“might could”或者“ought to should”都经常被用在日常交际会话中(Kenneth 1993)。“双重情态助动词的使用不可以被看作是缺少文化素养的标志，而应该被看成是一种典型的地区方言。如果双重情态助动词的使用没有被限制在口语表达或报道性的演讲中的话，那么双重情态动词将更多地出现在英语书面语当中并且得到广泛的使用。事实证明越来越多的受过教育的南部地区英语使用者趋向于避免使用双重情态助动词，原因并不取决于用法本身的劣势地位，而主要在于语言使用者认知上的偏见”(David 2000)。有时双重情态助动词的出现是多余的，例如在这句话“I ought to should do something about it”中 ought to 和 should 是同义词，因此两者之中的任意一个情态助动词可以从这句话中移除。另外还有一些双重情态助动词在具体使用过程中，两个情态助动词所传达的意义不同，例如在这句话“I might could do something about it tomorrow”中，might 表示的含义是做一些事情的可能性，而 could 所表示的是有能力做某事。

尽管我们可以用其他的双重情态助动词替换双重情态短语，但通常情况下双重情态助动词短语并不被视为合乎语法的用法。“I might could do something about it.”这句话经常这样表达：“I might be able to do something about it.”用 might be able to 表达就显得比较合乎语法规定。同样，used to could 经常表达成 used to be able to。还可以用副词替换双重情态助动词结构中的一个情态助动词，例如用 probably could 或者 might possibly 取代 might could。

4.4.1.2 助动词同现结构中情态意义关系

“情态从功能上来说最主要区分的是核心情态与边缘情态。那些表示责任、允诺、能力和意志的非认识情态助动词都被看作是核心情态，因为对于从句的核心层来说非认识情态的功能是内在的、核心的。而认识情态助动词被看作是边缘情态，因为对于从句的核心层来说认识情态的功能是外在的、边缘的，它们表达说话人对受核心意义指示的可能发生事件状态的推测在将来会变为现实。”(Foley and van Valin 1984：229-232)也就是说，当一个句子的后面携带动词或谓语时，和认识情态相比，非认识情态更加典型，更具核心性，如例(78)：

(82) Don't get so far ahead—I *may not could* make it.

(Foley and van Valin 1984：231)

距离主要动词最远的或者外层的情态助动词总被看作是边缘情态，而距离主要动词最近的或者内层的情态助动词被看作是核心情态。

(83) "The England football team *might have to* play their next Euro 2004 qualifying game in a stadium without any fans!"

(news.bbc.co.uk)

因此从句法上看，认识情态助动词要运用在道义情态助动词之前，表示为：“认识情态>道义情态”。

Her 将情态动词分为两类：一类是以说话人为导向的情态，另一类是以主语为导向的情态(Her 1990：248-250)。前者表达了说话人对所描述的整个事件的看法或态度，并且似乎有能力携带情态补语，而后者是与主语的视角密切相关，具有更多的内在性，并没有反映出说话人对情境的判断，因此以主语为导向的情态不允许携带情态补语。

认识情态、道义情态和动力情态可以按照主观性的顺序相继出现。Halliday(1970)、Lyons(1977)、Foley and van Valin(1984)和 Hengeveld (1987, 1989)从主观性和客观性的角度区分这 3 类情态，如下表：

表 4-6 认识情态、道义情态、动力情态的主客观区分

情态类型	主观性	客观性
认识情态	+	-
道义情态	+	+
动力情态	-	+

Verstraete(2001：1525)

根据 Foley 和 van Valin 的观点，情态的主观性越高，它离主要动词的距离就越远。同时，Verstraete 发现按照主观性的程度 3 类情态在句法中出现的顺序为：认识情态＞道义情态＞动力情态，因此当这 3 类情态助动词同现修饰主要动词的时候，顺序也应为：认识情态＞道义情态＞动力情态＋动词。

助动词同现结构中，情态意义之间的关系在汉语的研究中也有一定的体现。黄和斌与戴秀华首次讨论了英语方言中双重情态助动词的句法和语义特征（黄和斌 戴秀华 2000：24-27）。这篇文章将双重情态这一术语引入到汉语言当中，从句法学角度提到了句法表征、疑问词和否定词，同时又从语义学角度介绍了语义特征检查、选择限制、意义以及真值等。这篇文章具有很大的影响力，引导许多中国语言学家将情态连续性现象应用于汉语言的研究当中。

由于汉语中经常出现情态动词同现的语言现象，那么也就会经常提到助动词同现的一些规则。

赵元任最先指出情态助动词可以连续出现，比如说“会要、会能、会怕、会肯、可以会、该要、该可以”（赵元任 1968：609-610），但是他并没有提出汉语情态助动词同现的规则。“只要情态助动词连续出现后形成的意义合理，那么情态助动词就可以同时出现在一个句子当中。”（刘月华 1983：106）

Mayorga 通过研究汉语普通话中双重情态助动词和 3 重情态助动词的语言现象，认为汉语普通话中的情态助动词可以同时出现在一个句子中。在出现双重情态助动词的句中，他发现只有“应该、可以、会”3 个助动词放在其他助动词的前面，其中“应该”能放在“可以”和“会”的前面，而“可以”和“会”这两个助动词既不可以同时出现在同一个句子中，也不可以放在“应该”的前面（Mayorga 1979：54）。

马庆株提出两类情态助动词同现：一类是相邻同现，另一类是间隔同现（马庆株 1988：19-28，2004）。按照线性顺序，两个或两个以上的情态动词紧挨着构成一个复杂结构称作相邻同现，而被其他成分分隔构成两个或两个以上的情态结构称作间隔同现。他将情态助动词分为以下

6组：

①可能性A：可能

②必然性：得、应、该、应该、应当、须得、必得、要$_1$、犯得着、犯不着

③可能性B：会、可、可以、能、能够、好、免不了、得以、容易、来得及

④意志：乐意、愿、愿意、情愿、想、想要、要$_2$、要想、希望、企图、好意思、乐得、高兴、乐于、肯、敢、敢于、勇于、甘于、苦于、懒得、忍心

⑤评价：值得、配、便于、有助于、难于、易于、善于、适于、宜于

⑥允诺：准、许、准许、许可、容许、允许

尤其是情态助动词的间隔同现，马庆株列举了情态助动词的复合、选择、进行、适应、转化这几种关系。同时总结了情态范畴的不同类型，他认为情态的相邻同现或间隔同现都可以按照这样的顺序排列：可能性A＞必然性＞可能性B＞意志＞评价＞允诺，次序不可以颠倒。以上对情态的分析是研究汉语情态同现的基础，对后来学者的研究有很大帮助。

曹逢甫证实了情态助动词同现的规则应为认识情态（应该、可能）＋会＋道义情态＋动力情态（曹逢甫 1993：110）。Guo JianSheng（1994）证实了情态助动词同现的顺序不是任意的，应该为认识情态＞道义情态＞动力情态。

郑萦从语料库的角度研究了汉语情态动词的词序（郑萦 2000：42-69）。她认为情态一直与必然性、可能性、能力、意志、责任和允诺等概念相关。通过对语料库中的数据进行分析，她指出同一类型的情态动词可以同时出现在一句话中，不仅是认识情态动词，而且像"必须要"、"必须得"、"想要"这类道义情态动词和动力情态动词也可同时出现。同时一个情态动词不仅表示一种情态意义，这样就会产生句子的歧义，因此她认为同一类型的情态助动词共同出现在一个句子中可以消除句子歧义。她发现认识情态助动词同现时，各情态动词之间的衔接距离并不是很近，而道义情态和动力情态助动词同现时，各情态动词之间很少插入其余的成分，这样就有构成复合结构的趋势。

李韧之认为汉语中的情态助动词一般由两个单音节情态动词自然结合，或在语法化过程构成两个单音节和双音节情态动词（Li 2003：236）。他认为双音节情态助动词是由一个单音节情态动词和一个情态副词结合

而成。他从两个方面讨论了情态动词的结合：一方面是单音节情态动词连续出现并经过语法化转变成双音节情态动词，另一方面是其他类型情态动词的连续出现最终构成情态的结合。他最终总结了汉语中情态动词的顺序是连续性的，按照“可能＞必然性情态＞其他类可能性情态”的顺序结合（Li 2003：255）。

崔婧婧（2006）在《汉语情态动词的句法结构》一文中指出多个情态动词在句子中出现时应按照“认识情态＞道义情态＞动力情态”的顺序结合，无论是不同情态类型的情态动词还是同一情态类型的情态动词都可以遵循这个顺序。她认为“同一情态类型的情态动词同现时的顺序可以改变”，比如“认识情态$_1$＋认识情态$_2$”或“认识情态$_2$＋认识情态$_1$”，而不同情态类型的情态动词同现时的顺序不可以改变，应该按照“认识情态＋道义情态＋动力情态”的顺序，而不应该是“道义情态＋认识情态＋动力情态”或“动力情态＋道义情态＋认识情态”。

李剑影认为语法化过程实际上是一个主观性的过程。随着语法化过程的不断深化发展，助动词的意义逐渐减少，同时与谓语动词的语义关系也渐渐疏远。他认为在句法学领域，这 3 类情态动词的意义同现的顺序应该为“认识情态＞道义情态＞动力情态”（李剑影 2007：17）。

通过上述国内外学者对将来时助动词同现现象的研究，可以发现无论是在汉语还是英语中，情态助动词在句子中同现的顺序应为：“认识情态＞道义情态＞动力情态”。

4.4.2 will/would be going to 同现

在 will/would be going to 结构中，will/would 和 be going to 表达了对事件的不同态度，该结构的含义与 will/would be doing 和 be going to 均不同，意味在将来的某一刻，某人有意愿去做某事，或者某事有可能会发生。will/would 用于表现认识、道义、动力等情态意义，be going to 结构在以上例句中表现出很强的目的性，是 go 在语法化过程中，对原实词意义“去”的保留，will/would be going to 结构的意义在认识、道义或动力情态意义与将来意义之间达到一种平衡。

（84） My salary is sponsored by British Coal which means when I am fund-raising I know none of that money *will be going to* pay for my work.(BNC)

句(84)的意思是“我的工资是由英国煤炭支付的,当我筹款的时候,我知道这些钱不会用来支付我的工作”,句中说话人明确地知晓自己工资的来源,因此筹得的资金不可能用于支付自己的工作,will 体现了说话人对此事的肯定程度,是认识情态意义的使用,是认识情态必然性的体现,而 be going to 在此处是对客观事实将来的表达,因为此时正在筹集资金,使用该笔资金是以后要发生的事情。

(85) We are available for work and our people *will be going to* work every day.(BNC)

句(85)意为“人们每天都会去上班”,will 此处表现的是责任、义务,是道义情态意义的表现,工作是人们的责任与义务,be going to 是将来时助动词的标记,此处更多地体现出日常的规律性的活动。

(86) Harold Hughes, the director-general of the UK Offshore Operators Association, said that the measures were too complicated for immediate analysis. 'I am almost certain we *will be going to* see the Chancellor to complain about the way this was done,' he added.(BNC)

句(86)意为“英国海外运营商协会总干事哈罗德·休斯认为这些措施对于直接分析过于复杂,他几乎可以肯定我们将会看到总理抱怨这样做的方式”,此句中的 will 是说话人对于总理可能做出的反映的一种推测,说话人对于所使用方法的复杂性和不合适性十分肯定,因此这种推测的情态等级很高,几近于肯定语气,因此是认识情态意义的使用,句中的 be going to 用作将来时助动词,表示总理会在将来的某个时间抱怨此事,此事尚未发生。

(87) There will be a buffet reception afterwards — a chance to renew acquaintance with old friends. And of course you will have the added pleasure of knowing that part of the ticket price *will be going to* help students and to keep Bristol as a place of excellence.(BNC)

句(87)意为"之后会有一个自助宴会,这是一个与老朋友叙旧的好机会,同时还有一件让你感到高兴的事情,那就是票价的一部分将会用来帮助学生并且让布里斯托尔成为一个好地方"。句中 be going to 表示事件会在将来的时间发生,will 此处的表达没有主观性,是客观的必然性的体现,而且这种必然性来自于外界,因此是动力情态意义的表现,因为将一部分票价用于公益事业不是临时决定的,而是从活动设计一开始就已经规定好的,所以这部分资金用于帮助学生和建设城市在正常情况和条件下必然会发生,同时,will 此处还表现出说话人对票价去向的一种必然性的认识,所以,此句兼具认识情态和动力情态双重意义。

(88) A fortnight later from Bradford, another set of solicitors rang up, explained that they understood the circumstances, said Look c — could I hold the stuff there and what was I going to charge for the storage etcetera, er and they *would be going to* have to get an affidavit from this lady in Australia at some stage in order to give er him the chance to have the stuff back.(BNC)

句(88)意为律师们将从以为澳大利亚女士那里拿到一份宣誓书,承认这些东西是说话人的,以便最后他能将东西取回。其中的 would 作为过去时是由句子本身的时态所引发,本句 would 的意义取决于主语的身份,即律师,说明"取得一份宣誓书"是按照法律条款或者办事要求所作出的一种安排,有其必要性,体现出一定的责任与义务,并且这种责任与义务来自外部世界的要求,因此属于道义情态意义的使用,be going to 此处仍然是将来时助动词的标记，表示"取得宣誓书"的行为还没有发生，是一种安排与规划，将会在征得说话人同意后执行。

综上所述，当 will/would 和 be going to 同现时，will/would 主要表达认识情态意义和道义情态意义，这种情态的表达主要取决于说话人的身份，以及说话的语境。语境如果是日常普通的会话环境，will/would 主要表达一种推测，这种推测会因为说话人手中的证据而体现为不同的肯定程度；语境如果具有特定保障体系，例如句(84)中的法律沟通语境，will/would 则多表示一种责任与义务，或已经按照规定所作出的判断。在 will/would 和 be going to 同现结构中，be going to 的意向性等级很弱，更多地指示着将来事件的发生。BNC 语料的用法均为以上情况，但作者在互联网的语料查找过程中，发现一例较特殊的用法：

(89) Kirk and I are traveling to China tomorrow morning. We *will be going to* learn about nursing in China with an opportunity to develop a training program for Chinese nurses to come here for some advanced training.

——Austin Community College News, Dean's Page①

句中的 will be going to 结构表达一种"将来的将来"意义，句子体现的是到中国学习护士知识的计划与安排，没有过多地体现出说话人的情态意义，出发去中国的行为还未发生，是一种将来时的用法，而学习护士知识是在出发去中国以后的安排，因此体现了将来时态中的将来事件。在语料研究中，这种用法出现的频率较低，还不具有广泛的代表性。

4.4.3 shall/should will 同现

在 shall/should will 同现结构中，shall/should 和 will 各自发挥了不同的作用，shall/should 表达对事件的判断，这种判断可能来自说话这个人，也可能来自对于规律和条款的衍推，并分别对应认识情态意义和动力情态意义，而 will 则充当将来时助动词的角色。

① https://www.englishforums.com/English/GoingExpressionCommon/2/ckhhp/post.htm

(90) And hope it doesn't come to any more than that, otherwise I *shall will* be in your debt .(BNC)

句(90)的意思是“别再发生任何事了,否则我就要欠债了”,此句中的shall体现的是说话人的一种推测,这种推测是以主句为条件的,如果主句的情况发生,从句的情况必然会发生,因此shall表达的是必然性认识情态意义。will是将来时助动词,表示“欠债”是主句发生以后的情况,是对将来时态的表述。

(91) Khalfan Al Mazrouei, Head of Technical Planning Department at Al Ain City Municipality, referred to the fruitful, continuous cooperation with the Centre for a long while now, and indicated that the presence of all services in one place is a major achievement at the level of e-Government, thus the implementation and update of the directory *shall will* be done accurately and directly.①

句(91)的说话人是技术计划部的负责人,话语内容是从工作的角度所进行的比较客观的表述,包括与中心长期的富有成效的合作和对于“电子政府”主要成绩的诠释,即应该直接并且准确地对城市黄页予以实现与更新。此处的shall是表现成绩的一种应有的做法,是外部世界对于此种做法的要求,体现出动力情态意义。will在此句中是将来时助动词的标记,因为对城市黄页进行实现与更新的具体做法还没有真正实现,是对将来政府部门工作的一种计划。

(92) *Shall will* be in charge of a committee of about 8-10 members this semester. So be prepared to manage and oversee this

① http://www.abudhabi.ae/egovPoolPortal_WAR/appmanager/ADeGP/Citizen? _nfpb=true&_pageLabel=p_citizen_homepage_hidenav&did=300764&lang=en

committee and have them help with socials.[1]

句(92)选自美国休斯顿大学金融协会章程，是对于公共关系负责人义务的描述。公共关系负责人本学期应该要主管 8 至 10 人的委员会，因此要准备好管理、监督该委员会，使之有助于其他社团。本句中的 shall 表示金融协会章程对于公共关系负责人的要求，是公共关系负责人的责任与义务，是道义情态意义的体现，由于情态具有等级性特征，人们对于情态等级的认知不尽相同，本句亦可理解为不随人的意志而改变的一种情态必然性，是公共关系负责人必须要做到的，此时则是动力情态意义的体现。本句中的 will 作为将来时的标记与本句时间状语 this semester 搭配使用，表示在候选人当选的这个学期将要发生的事情。

(93) Provided that when an expenditure incurred and actually paid is for a period of more than five years, the allocation of such expenses *shall will* be in proportionate manner, as aforesaid, after taking into account net present value method by applying a discounting rate of nine percent per annum.[2]

句(93)是针对一种经济规律的描述，当出现一笔消费额，并且其实际的付费时间超过 5 年，考虑到净现值方法，消费的分配应该以一种按比例的方式进行。此句中 shall 表达的是按照经济规律省钱的一种推荐的做法，以按比例的方式分配消费额是客观规律的结果，不存在主观意愿，因此 shall 表现的是一种必要性的动力情态意义。will 在此句中是将来时助动词，是一种对将来事件所采取的措施的一种假定。

(94) Repayment *shall will* be in quarterly installments.[3]

① https://uh.collegiatelink.net/organization/financeassociation/DocumentLibrary/View/229051
② http://www.taxmanagementindia.com/visitor/detail_article.asp? ArticleID=93
③ http://www.odb.com.om/DevelopmentLoans.aspx

句(94)意为“按季度分期付还”,是条例的表述方法,shall 体现的是规定与条例的效力,不可随意改变或违反,是外部世界对于付还方式的规定,不具有主观性,是动力情态意义用法。will 是将来时助动词,表示付还是在借贷以后发生的。

(95) To access your portfolio after it has been created, simply click on the My Portfolios tab that appears at the top of most pages. In the drop-down menu that appears, you *should will* see the name of your portfolio.①

(96) When you click on that link, you *should will* see an option to select the date and time.②

(97) You *should will* see all the album email addresses you saved.③

句(95)、(96)、(97)是相同的同现使用方法,should 在句中表示根据句中的条件理应出现的结果,句(95)是按键后在下拉菜单将会看到的内容,句(96)是点击连接后将会看到的选项,句(97)是听话人按照操作要求应该查找到的地址,其中均不体现句子主语的主观性,体现的是动力情态意义,will 在句中发挥将来时助动词的作用,表示这些动作都是接下来发生的,表示时间次序的延后。

综上所述,当 shall/should 和 will 同现时,shall/should 主要表达认识情态意义和动力情态意义,这种情态的表达主要取决于话语的语境。语境如果是日常普通的会话环境,如句(90)shall 主要表达一种肯定性的推测,前面往往有比较明显的证据;其余例句 shall/should 均出现在经济规律、发展规律和条款规定表述中,因此表达的是肯定性较强的动力情态

① http://help.yahoo.com/l/us/yahoo/finance/portfolios/newport-01.html

② http://www. madhavighare. com/wordpress-101/effectively-schedule-your-blog-posts-in-wordpress

③ http://www.zangzing.com/blog/few-photo-sharing-updates/

意义。在 shall/should 和 will 同现结构中,will 的意向性等级相对较弱,更多地指示着将来事件和情况的发生。除此之外,还可以发现一条规律,例句中 shall will 同现形式后面所接的动词均为 be 或 see。

通过以上例句,可以发现 shall 在表示预测和对事件的肯定程度方面均比 will 的主观意向性等级高,因此,在 shall will 同现的结构中,shall 的作用更趋向于情态动词用法,而 will 更趋向于将来时助动词用法。

在 will/would 和 be going to 同现结构中,will/would 的主观意向性凸显,情态等级较低,而 be going to 发挥将来时助动词作用;在 shall/should 和 will 同现结构中,shall/should 的主观意向性凸显,情态等级低,而 will 发挥将来时助动词作用。当一个句子的后面携带动词或谓语时,和认识情态相比,非认识情态更加典型,更具核心性,距离主要动词最远的或者外层的情态助动词发挥边缘情态作用,而距离主要动词最近的或者内层的情态助动词发挥核心情态作用。所以在英语将来时助动词连用结构中,shall、will、be going to 的主观性依次递减,距离主要动词近的词发挥助动词作用,体现将来意义,距离主要动词远的词则更多的体现情态意义,从而达到一种情态与将来意义的平衡。

本章小结

本章是本研究的核心部分,本章首先分析影响英语将来时助动词意义动态性的主要因素——语法化、语境因素和认知因素,认为在某一语境中,词汇所具有的明确意义是以上各种影响意义的因素达到的一种动态平衡态,时间的推移、语境的变化和人们认知的改变会打破某个或多个平衡链条,各因素会根据新语境的要求重新相互作用,达到新的平衡,从而产生新的义项。

本章描绘出在语法化、语境和认知三个因素的影响下,英语将来时助动词意义发展的动态平衡过程,按照古英语时期、中古英语时期、现代英语时期和当代英语时期的顺序平行分析 will、shall 和 be going to 的意义。除了证明单个英语将来时助动词的意义发展是一个动态平衡的过程以外,本章还对现代英语将来时助动词同现结构进行分析,证明了两个英语将来时助动词意义之间也存在着动态平衡规律。

结　论

语言具有动态性，语言也具有平衡性，本研究认为意义是一个“动态平衡”的语言现象，当句法因素、语义因素和语用因素达到平衡的时候，交际的确切意义才能被人们所知。本研究通过挖掘语法化、语境和认知 3 个引起意义变化的主要因素，借助后格赖斯语用学的平衡语义学，构建“动态平衡”意义解释模式，从古英语时期、中古英语时期、现代英语时期和当代英语时期 4 个发展阶段解释英语将来时助动词的意义，并对当代英语中将来时助动词同现现象中的意义关系进行诠释。

本研究通过对意义的动态平衡性研究和英语将来时助动词意义研究进行回顾，发现意义的动态性研究由来已久，并且在意义的动态性和静态性之间展开了讨论，却忽略了意义的平衡性。对于英语将来时助动词的意义中包含语义和语用因素学界已有共识，但语义因素和语用因素以何种方式共存并相互影响还没有统一的认识。

由于经典格赖斯理论将意义中的语义因素和语用因素截然分开，从而引发了语义—语用界面之争，有学者认为语义学包含语用学，有学者认为语用学包含语义学，有学者认为在语义学和语用学之间存在中间意义层面，有学者认为语义因素与语用因素地位平等，以组合的关系构成意义……平衡语义学认为语义因素与语用因素在具体情境的作用下以博弈的关系构成意义，通过对比分析，本研究认为平衡语义学具有较强的解释力和有效性，再融入意义的动态性特征，构建“动态平衡”的意义解释模式，将有效地诠释将来时助动词意义。

英语将来时助动词是英语中比较特殊的一个词类，为了执行语法功能,英语将来时助动词经历了从实词向虚词的演变的语法化过程。由于 will/shall 与 be going to 作为实词时属于不同的类别,will/shall 来自表示意愿的实词,be going to 来源于表示动作和目的的动词 go,因此英语将来时助动词经历了不同的语法化过程,但其意义的演变过程基本相同,均涉及语义的重新分析和语义虚化,在语境和人的认知因素的共同作用下,将来意义不断增强,而所蕴含的主观性不断减弱。因此,语法化因素、语境因素和认知因素是引起英语将来时助动词意义变化的主要原因。

虽然学者对于意义中语义因素和语用因素以何种状态存在还没有形成统一的认识,但意义中涉及语义因素和语用因素是毋庸置疑的。在英语将来时助动词的意义中,从语义角度看,一个默认的表示将来时的意义始终存在,在语法化的过程中,呈现由弱到强的变化过程;从语用角度看,说话人通过动力情态意义、道义情态意义和认识情态意义表达对话语事实内容的态度,例如,不确定性、确定性、模棱两可和可能性。

从古英语时期到当代英语时期,英语将来时助动词经历了连续的、动态的语法化过程,这个过程直至现在也没有停止。本研究认为,语言的动态平衡是语言内部自发调节的,是由语言内部的全部要素综合运动所产生的结果。在某一语境中,词汇所具有的明确意义是语法化、语境因素和认知因素所达到的一种动态平衡态,语境的变化会打破某个或多个平衡链条,各意义因素会根据新语境的要求重新相互作用,达到新的平衡,从而产生新的义项。本研究认为意义研究要动静结合,从动态中观察意义的变化,从平衡态中观察语言现象,揭示语言规律。古英语时期、中古英语时期、现代英语时期和当代英语时期是英语发展中特征比较明显的 4 个时期,具有较好的代表性,因此,本研究从以上此个时期观察英语将来时助动词的意义,通过 4 个历史时期中意义的对比观察意义的发展变化情况。

当代英语中存在英语将来时助动词的同现现象,在单独使用的情况下,will、shall 和 be going to 均可以表达不同情态等级的意义。经常出现的同现现象是 will/would be going to 和 shall/should will,在同现的结构中,shall、will、be going to 的主观性依次递减,距离主要动词近的词发挥助动词作用,体现将来意义,距离主要动词远的词则更多地体现情态意义,从而达到一种情态与将来意义的平衡。

综上所述,平衡语义学对意义的解释有较强的解释力,融入的动态因素的“动态平衡”意义解释模式清晰地展现了英语将来时助动词的意义发展过程,以及英语将来时助动词同现结构中的意义关系。

参考文献

[1] 安坤伟.英语将来时间表达法的认知解读[D].长春：吉林大学硕士论文，2007.

[2] 陈晓平.真之收缩论与真之膨胀论——从塔斯基的“真”理论谈起[J].哲学研究，2013(12).

[3] 陈招万.多值逻辑与语义赋值博弈[J].逻辑学研究，2008(1).

[4] 崔佳悦，满海霞.蒙太格语法框架下的汉语被动句分析[J].外国语文，2014(4).

[5] 崔婧婧.现代汉语中情态动词的句法结构[D].长沙：湖南大学硕士论文，2006.

[6] 戴细华.多值逻辑语义博弈[D].广州：中山大学博士论文，2006.

[7] 戴细华.逻辑系统中的语义博弈[J].天津商业大学学报，2008(1).

[8] 范博文.从驴子句看语义学的动态发展[D].哈尔滨：东北农业大学硕士论文，2013.

[9] 范如国.博弈论[M].武汉：武汉大学出版社，2011.

[10] 方立.《蒙太古语义学导论》评介[J].外语教学与研究，1986(3).

[11] 方立.逻辑语义学[M].北京：北京语言文化大学出版社，2000.

[12] 方立.动态意义理论：逻辑语义学的继续发展[J].语文学刊，2006(23).

[13] 高芸.从 SDRT 的视角探析汉语话语结构的修辞格式[D].重庆：西南大学博士论文，2011.

[14] 郭贵春，刘伟伟.博弈论语义学的方法论特征及其意义[J].中国社

会科学，2012(2).

[15] 何兆熊.语用、意义和语境[J].外国语，1987(5).

[16] 黄和斌，戴秀华.双重情态动词的句法、语义特征[J].外语与外语教学，2000(3).

[17] 姜涛.后格赖斯语用学意义划分模式研究[J].外语学刊，2009(3).

[18] 姜涛.汉语将来时助动词的默认语义学解释——后格赖斯语用学视角[J].外语研究，2011a(2).

[19] 姜涛.将来时助动词语义—语用界面意义研究[J].外语学刊，2011b(2).

[20] 姜涛.平衡语义学：引进与诠释[J].外语学刊，2013a(4).

[21] 姜涛.英语将来时助动词意义研究——平衡语义学视角[J].云南行政学院学报，2013b(1).

[22] 姜涛.汉语将来时助动词研究——默认语义学模式[M].上海：复旦大学出版社，2013c.

[23] 姜涛.后格赖斯语境论的新发展：平衡语义学[J].外语学刊，2015(1).

[24] 李洪儒.疑问话语间接意向的推断[J].外语学刊，2009(6).

[25] 李洪儒.中国语言哲学的发展之路——语言哲学理论建构之一[J].外语学刊，2011(6).

[26] 李剑影.现代汉语能性范畴研究[D].长春：吉林大学博士论文，2007.

[27] 林晓凤."平衡"意象图式及其语义建构——基于语料的英汉对比研究[D].南宁：广西民族大学硕士论文，2013.

[28] 刘月华.实用现代汉语语法[M].北京：外语教学与研究出版社，1983.

[29] 鲁晓琨.现代汉语基本助动词语义研究[M].北京：中国社会科学出版社，2004.

[30] 陆汝占，靳光瑾.黄昌宁，林杏光主持："信息处理用语言理论讲话"第六讲——蒙太古语义学[J].语言文字应用，1995(4).

[31] 马庆株.能愿动词的连用[J].语言研究，1988(1).

[32] 宁春岩.蒙太格(Montague)语法[J].外语学刊，1982(4).

[33] 潘海华.篇章表述理论概说[J].国外语言学，1996(3).

[34] 潘雪华.英语将来表达式及其教学的认知研究[D].长沙：湖南师范

大学硕士论文,2008.

[35] 彭家法.当代形式语义研究新进展——意义研究从静态向动态的转向[J].安徽大学学报(哲学社会科学版),2007(4).

[36] 彭建武.动态概念语义学对隐喻的逻辑——哲学研究[J].外国语,2001(6).

[37] 沈家煊.语用学和语义学的分界[J].外语教学与研究,1990(2).

[38] 石毓智,白解红.将来时标记向认识情态功能的衍生[J].解放军外国语学院学报,2007a(1).

[39] 石毓智,白解红.将来时的概念结构及其词汇来源[J].外语教学与研究,2007b(1).

[40] 涂继亮.英美语言哲学概论[M].武汉:武汉大学出版社,2007.

[41] 汪希.塔斯基真值论的意义[J].厦门大学学报(哲学社会科学版),1993(2).

[42] 汪叶斌.一般平衡论[M].http://baike.baidu.com/link? url=Nsc6Y_8vUZ3M6rjL0c3VkrGTqFwZGnfiRQaCTgVd17uyEcYMxhnRxeuWxwW-_Keugiuv7d16pLyQu4rCwB9pBq

[43] 王晋秀.博弈论关照下的矛盾修辞法认知析解[D].西安:西安外国语大学硕士论文,2013.

[44] 王荣波,周昌乐,池哲儒.一种基于规则转换的机器翻译方法初探[J].计算机工程与应用,2004(30).

[45] 王群.试论“才”和“就”语义变化的双向性和不平衡性[J].语言科学,2005(6).

[46] 王善平.蒙太古语义学在文献信息组织和检索中应用的探讨[J].华东师范大学学报,2014(3).

[47] 王希杰.修辞学通论[M].南京:南京大学出版社,1996.

[48] 文卫平,方立.动态意义理论[M].北京:中国社会科学出版社,2008.

[49] 夏年喜.从 DRT 到 SDRT——动态语义理论的新发展[J].哲学动态,2006(6).

[50] 萧国政.世纪之交的语言文字应用研究之走势[J].语言文字应用,1995(4).

[51] 徐章.英语将来表达式的认知研究[D].广州:华南师范大学硕士论文,2010.

[52] 游珈.试论谚语中存在的语义平衡[J].广西大学学报(哲学社会科学版),2008(S2).

[53] 于根元.应用语言学理论纲要[M].北京:华语教学出版社,1999.

[54] 袁毓林.汉语词义识解的乐观主义取向——一种平衡义程广泛性和义面突出性的策略[J].当代语言学,2014(4).

[55] 詹晓宁.蒙太古语法评介[J].外语与外语教学,1986(4).

[56] 张权.英语将来时间表达手段的时间结构分析及其语用解释[J].外国语,2000(6).

[57] 张绍杰.一般会话含义的"两面性"与含义推导模式问题[J].外语教学与研究,2008(3).

[58] 张绍杰.语法和语用:基于语言使用的互动视角[J].外语学刊,2010(6).

[59] 张万禾,石毓智.现代汉语的将来时范畴[J].汉语学习,2008(5).

[60] 张昕,陈小平.用蒙太格文法解决汉语语义悖论[J].计算机工程,2001(10).

[61] 章振邦.我国英语教学中语法体系问题探讨[J].外国语,1980(5).

[62] 郑縈.从语料库看汉语助动词的语法特征[A].*Paper presented at Proceedings of Research on Computational Linguistics Conference XIII*[C]. 2000.

[63] 朱水林.塔斯基的语义学[J].自然杂志,1987(9).

[64] 朱水林.关于塔斯基的 T 型等值式[J].枣庄师专学报,1990(4).

[65] 朱水林.塔斯基的真值论[J].上海社会科学院学术季刊,1991(1).

[66] 邹崇理.蒙太古语义学简介[J].国外语言学,1993a(3).

[67] 邹崇理.一个运用蒙太格语法与广义量词方法分析汉语量化词组的部分语句系统[A].陈筠泉.1993 年逻辑研究专辑[C].哲学研究编辑部,1993b.

[68] 邹崇理.逻辑,语言和蒙太格语法[M].北京:社会科学文献出版社,1995a.

[69] 邹崇理.MG及其发展的评价[A].中国社会科学院哲学所逻辑室.理有固然——纪念金岳霖先生百年诞辰[C].北京:社会科学文献出版社,1995b.

[70] 邹崇理.MG与GQ理论对自然语言限定词的研究[A].中国社会科学院哲学所逻辑室.理有固然——纪念金岳霖先生百年诞辰[C].北京:社会科学文献出版社,1995c.

[71] 邹崇理.话语表现理论述评[J].当代语言学,1998(4).

[72] 邹崇理.自然语言逻辑研究[M].北京:北京大学出版社,2000.

[73] 邹崇理.逻辑、语言和信息[M].北京:人民出版社,2002.

[74] 邹崇理.逻辑和语言研究的交叉互动[J].西南大学学报(社会科学版),2009(2).

[75] Aloni, M. Quantification in dynamic semantics[A]. In: Dekker, P. ed. *Proceedings of the Eleventh Amsterdam Colloquium*[C]. Amsterdam: University of Amsterdam, 1997.

[76] Annerieke, B. *Aspect, Tense and Modality: Theory, Typology, Acquisition*[M]. Utrecht: LOT, 2006.

[77] Asher, N. Belief in Discourse Representation Theory[J]. *Journal of Philosophical Logic*, 1986 (15).

[78] Asher, N. Discourse representation theory and belief dynamics [A]. In: Fuhrmann, A. & Morreau, M. eds. *The Logic of Theory Change*[C]. Springer, 1989.

[79] Atlas, J. D. Negation, ambiguity, and presupposition [J]. *Linguistics and Philosophy*, 1977 (1).

[80] Atlas, J. D. How linguistics matters to philosophy: Presupposition, truth, and meaning[A]. In: Dinneen, D. & Oh, C. K. eds. *Syntax and Semantics* 11: *presupposition* [C]. New York: Academic Press, 1979.

[81] Atlas, J. *Logic, Meaning and Conversation*[M]. Oxford: Oxford University Press, 2005.

[82] Austin, J. *How to Do Things with Words*[M]. Oxford: Oxford

University Press, 1962.

[83] Bach, K. Default reasoning: jumping to conclusions and knowing when to think twice[J]. *Pacific Philosophical Quarterly*, 1984 (65).

[84] Bach, K. Semantic slack: What is said and more[A]. In: Tsohatzidis, S. L. ed. *Foundations of Speech Act Theory: Philosophical and Linguistic Perspectives*[C]. London: Routledge, 1994a.

[85] Bach, K. Conversational impliciture[J]. *Mind & Language*, 1994b (9).

[86] Bach, K. The semantics-pragmatics distinction: What it is and why it matters[J]. *Linguistiche Berichte*, 1997 (8).

[87] Bach, K. Minding the cap[A]. In: Bianchi, C. ed. *The Semantics/Pragmatics Distinction*[C]. Stanford: CSLI Publications, 2004.

[88] Bach, K. The top 10 misconceptions about implicature[A]. In: Birner, J. & Ward, G. eds. *Drawing the Boundaries of Meaning: Neo-Gricean Studies in Pragmatics and Semantics in Honor of Laurence R. Horn*[C]. Amsterdam: John Benjamins Publishing Company, 2006.

[89] Bach, K. Regressions in pragmatics (and semantics)[A]. In: Burton-Roberts, N. ed. *Pragmatics*[C]. Basingstoke: Palgrave, 2007.

[90] Bakhtin, M. M. *The Dialogic Imagination: Four Essays*[M]. Austin: University of Texas Press, 1981.

[91] Barwise, J. & Perry, J. The situation underground[A]. In: Barwise, J. & Sag, I. eds. *Stanford Working Papers in Semantics*[C]. Stanford Cognitive Science Group, 1980.

[92] Barwise, J. & Perry, J. *Situations and Attitudes*[M]. Cambridge, MA and London: MIT Press, 1983.

[93] Battistella, E. The syntax of the double modal construction[J].

Linguistica Atlantica, 1995 (17).

[94] Beaver, D. Presupposition[A]. In van Benthem, J. & ter Meulen, A. eds. *Handbook of Logic and Language* [C]. Amsterdam: Elsevier, 1997.

[95] Berg, M. H. *The Internal Structure of Discourse* [D]. PhD dissertation, Amsterdam: ILLC Publications, 1996.

[96] Boertien, H. Constituent structure of double modals[A]. In: Montgomery, M. & Bailey, G. eds. *Language Variety in the South: Perspectives in Black and White* [C]. Tuscaloosa: University of Alabama Press, 1986.

[97] Borg, E. *Minimal Semantics* [M]. Oxford: Oxford University Press, 2004.

[98] Brown, G. & Yule, G. *Discourse Analysis* [M]. Cambridge: Cambridge University Press, 1983.

[99] Brown, K. Double modals in Hawick Scots[A]. In: Trudgill, P. & Chambers, J. K. eds. *Dialects of English: Studies in Grammatical Variation*[C]. London: Longman, 1991.

[100] Bybee, J. L. *Morphology: A Study of the Relation between Meaning and Form*[M]. Amsterdam: Benjamins, 1985.

[101] Bybee, J. L. & Pagliuca, W. The evolution of future meaning [A]. In: Anna, G. R., Carruba, O. & Bernini, G. eds. *Papers from the VIIth International Conference on Historical Linguistics* [C]. Amsterdam: John Benjamins, 1987.

[102] Bybee, J. L., Perkins, R. & Pagliuca, W. *The Evolution of Grammar: Tense, Aspect and Modality in the Lanuages of the World*[M]. Chicago: University of Chicago Press, 1994.

[103] Bybee, J. L. & Fleischman, S. *Modality in Grammar and Discourse* [M]. Amsterdam: John Benjamins, 1995.

[104] Cappelen, H. & Lepore, E. *Insensitive Semantics: A Defense of Semantic Minimalism and Speech Act Pluralism* [M]. Oxford:

Blackwell, 2005.

[105] Carston, R. Implicature, explicature, and truth-theoretic semantics[A]. In: Kempson, R. ed. *Mental Representations*[C]. Cambridge: Cambridge University Press, 1988.

[106] Carston, R. Relevance theory and the saying/implicating distinction[A]. In: Horn, L. & Ward, G. eds. *The Handbook of Pragmatics*[C]. Oxford: Blackwell, 2004.

[107] Chao, Yuen-Ren. *A Grammar of Spoken Chinese*[M]. Berkeley: University of California Press, 1968.

[108] Chomsky, N. *Aspects of the Theory of Syntax*[M]. Cambridge: MIT Press, 1965.

[109] Clark, H. H. *Using Language* [M]. Cambridge: Cambridge University Press, 1996.

[110] Clark, R. *Games, quantifiers and pronouns*[A]. In: Pietarinen, Ahti—Veikko. ed. *Game Theory and Linguistic Meaning* [C]. Oxford: Elsevier, 2007.

[111] Coates, J. *The Semantics of the Modal Auxiliaries*[M]. London: Croom Helm, 1983.

[112] Coates, J. Modal meaning: the semantic-pragmatic interface[J]. *Journal of Semantics*, 1990 (7).

[113] Craig, C. G. Ways to go in Rama: a case study in polygrammaticalization[A]. In: Traugott, E. C. & Heine, B. eds. *Approaches to Grammaticalization* [C]. Amsterdam: John Benjamins, 1991.

[114] Croft, D. & Cruse, A. *Cognitive Linguistics* [M]. Cambridge: Cambridge University Press, 2004.

[115] Dahl, Ö. The grammar of future time reference in European languages [A]. In: Dahl, Ö. ed. *Tense and Aspect in the Languages of Europe*[C]. Berlin: de Gruyter, 2000.

[116] Danchev, A. & Kytö, M. The construction be going to +

infinitive in Early Modern English[A]. In: Kastovsky, D. ed. *Studies in Early Modern English*[C]. Mouton de Gruyter, 1994.

[117] David, D. Combining English auxiliaries[A]. In: Fischer, O., Rosenbach, A. & Stein, D. eds. *Pathways of Change: Grammaticalization in English*[C]. John Benjamins, 2000.

[118] Dekker, P. *Transsentential Meditations*[D]. PhD dissertation, Amsterdam: University of Amsterdam, 1993.

[119] Depraetere, I. & Reed, S. Mood and modality in English[A]. In: Bas, A. & McMahon, A. eds. *An Introduction to English Linguistics*[C]. Oxford: Blackwell, 2007.

[120] Di, Paolo. M. Double modals as single lexical items[J]. *American Speech*, 1989 (64).

[121] Disney, S. D. The grammaticalization of "be going to"[J]. *Newcastle Working Papers in Linguistics*, 2009 (15).

[122] Ehrman, M. *The Meanings of the Modals in Present-day American English*[M]. Hague: Mouton, 1966.

[123] Eijck, J. Presupposition failure—a comedy of errors[J]. *Aspects of Computing*, 1994 (6).

[124] Elsman, M. *The Syntax of Single and Double Modal Constructions*[D]. Master's Thesis, South Carolina: University of South Carolina, 2007.

[125] Emanatian, M. Chagga 'come' and 'go': metaphor and the development of tense-aspect[J]. *Studies in Language*, 1992 (16).

[126] Enc, M. Tense and modality[A]. In: Lappin, S. ed. *The Handbook of Contemporary Semantic Theory*[C]. Oxford: Blackwell, 1996.

[127] Fauconnier, G. *Mappings in Thought and Language*[M]. Cambridge: Cambridge University Press, 1997.

[128] Firth, J. R. *Papers in Linguistics*, 1934-1951[M]. London: Oxford University Press, 1957.

[129] Fleischman, S. *The Future in Thought and Language: Diachronic Evidence from Romance* [M]. Cambridge: Cambridge University Press, 1982.

[130] Foley, W. A. & van Valin, R. D. Functional Syntax and Universal Grammar [M]. Cambridge: Cambridge University Press, 1984.

[131] Fowler, H. W. *The King's English* [EB/01]. http://www.bartleby.com/116/213.html. 2012-11-15.

[132] Frege, G. On sense and reference[A]. In: Geach, P. & Black, M. eds. *Translations from the Philosophical Writings of Gottlob Frege*[C]. Oxford: Blackwell, 1970.

[133] Geurts, B. & van der Sandt, R. Domain restriction[A]. In: Bosch, P. & van der Sandt, R. eds. *Focus: Linguistic, Cognitive, and Computational Perspectives* [C]. Cambridge University Press, 1999.

[134] Grice, H. P. Utterer's meaning and intentions[J]. *Philosophical Review*, 1969 (78).

[135] Grice, H. P. Logic and conversation[A]. In: Cole, P.& Morgan, J. L. eds. *Syntax and Semantics*[C]. New York: Academic Press, 1975.

[136] Grice, H. P. Further notes on logic and conversation[A]. In: Cole, P. ed. *Syntax and Semantics* [C]. New York: Academic Press, 1978.

[137] Grice, H. P. Presupposition and conversational implicatures[A]. In: Cole, P. ed. *Radical Pragmatics* [C]. London: Academic Press, 1981.

[138] Grice, H. P. *Studies in the Way of Words* [M]. Cambridge: Harvard University Press, 1989.

[139] Grice, H. P. *Aspects of Reason*[M]. Oxford: Oxford University Press, 2001.

[140] Groefsema, M. Can, may, must and should: a relevance theoretic account[J]. *Journal of Linguistics*, 1995 (31).

[141] Groenendijk, J. & Stokhof, M. Dynamic predicate logic[J]. *Linguistics and Philosophy*, 1991 (14).

[142] Groenendijk, J., Stokhof, M. & Veltman, F. Coreference and modality[A]. In: Lappin, S. ed. *Handbook of Contemporary Semantic Theory*[C]. Oxford: Blackwell, 1996.

[143] Groeneveld, W. *Logical Investigations into Dynamic Semantics* [D]. PhD dissertation, Amsterdam: University of Amsterdam, 1995.

[144] Guo, Jiansheng. *Social Interaction, Meaning, and Grammatical Form: Children's Development and Use of Modal Auxiliaries in Mandarin Chinese*[D]. PhD dissertation, Berkley: University of California, 1994.

[145] Halliday, M. A. K. Functional diversity in language, as seen from a consideration of modality and mood in English[J]. *Foundations of Language*, 1970 (3).

[146] Hansen, B. The grammaticalization and degrammaticalization of modals in Slavonic[A]. In: Berger, T. & Gutschmidt, K. eds. *Internationalen Slavistenkongress Ljubljana* [C]. München: Verlag Otto Sagner, 2003.

[147] Heim, I. File change semantics and the familiarity theory of definiteness[A]. In: Rainer, B., Christoph, S. & von Stechow, A. eds. *Meaning, Use and the Interpretation of Language*[C]. Berlin: Walter de Gruyter, 1983.

[148] Heine, B., Claudi, U. & Hünnemeyer, F. *Grammaticalization: A Conceptual Framework*[M]. Chicago and London: University of Chicago Press, 1991.

[149] Heine, B. Grammaticalization chains[J]. *Studies in Language*, 1992 (16).

[150] Heine, B. *Auxiliaries: Cognitive Forces and Grammaticalization* [M]. New York: Oxford University Press, 1993.

[151] Hengeveld, K. Clause structure and modality in Functional Grammar[A]. In: van der Auwera, J. & Goossens, L. eds. *Ins and Outs of the Predication*[C]. Dordrecht: Foris, 1987.

[152] Hengeveld, K. Layers and operators[J]. *Journal of Linguistics*, 1989 (25).

[153] Her, One-soon. *Grammatical Functions and Verb Subcategorization in Mandarin Chinese* [D]. PhD dissertation, Hawaii: University of Hawaii, 1990.

[154] Hintikka, J. & Kulas, J. *The Game of Language*[M]. Dordrecht: Reidel Publishing Company, 1983.

[155] Hogg, R. *An Introduction to Old English* [M]. Edinburgh: Edinburgh University Press, 2002.

[156] Hollenberg, M. & Vermeulen, C. Counting variables in a dynamic setting[J]. *Journal of Logic and Computation*, 1996 (5).

[157] Hopper, P. J. & Traugott, E. C. *Grammaticalization* [M]. Cambridge: Cambridge University Press, 2003.

[158] Horn, L. & Ward, G. *The Handbook of Pragmatics*[M]. Oxford: Blackwell, 2004.

[159] Hopper, P. J. & Traugott, E. C. *Grammaticalization* [M]. Cambridge: Cambridge University Press, 2003.

[160] Huddleston, R. D. & Geoffrey, K. P. *The Cambridge Grammar of the English Language*[M]. Cambridge: CUP, 2002.

[161] Huang, Y. *Pragmatics*[M]. Oxford: Oxford University Press, 2007.

[162] Jacobsson, B. Recessive and emergent uses of modal auxiliaries in English[J]. *English Studies*, 1994 (2).

[163] Jäger, G. Game dynamics connects semantics and pragmatics [A]. In: Pietarinen, A. V. ed. *Game Theory and Linguistic*

Meaning[C]. Elsevier, 2007.

[164] James, F. *Semantics of the English Subjunctive*[M]. Vancouver: University of British Columbia Press, 1986.

[165] Jaszczolt, K. Default semantics, pragmatics and intentions[A]. In: Turner, K. ed. *The Semantics/Pragmatics Interface from Different Points of View*[C]. Oxford: Elsevier, 1999.

[166] Jaszczolt, K. The modality of the future: A Default-Semantics account[A]. In: Paul, P. D. & van Rooy, R. eds. *Proceedings of the 14th Amsterdam Colloquium*[C]. Amsterdam: University of Amsterdam, 2003.

[167] Jaszczolt, K. *Default Semantics: Foundations of a Compositional Theory of Acts of Communication* [M]. Oxford: Oxford University Press, 2005.

[168] Jaszczolt, K. Default meanings[J]. *Journal of Foreign Languages*, 2006a (5).

[169] Jaszczolt, K. Defaults in semantics and pragmatics[EB/01]. http://plato. stanford. edu /entries/defaults-semantics-pragmatics. 2006b. 2008-6-12.

[170] Jaszczolt, K. The syntax-pragmatics merger: belief reports in the theory of Default Semantics[J]. *Pragmatics and Cognition*, 2007 (15).

[171] Jaszczolt, K. Semantics and pragmatics: the boundary issue[A]. In: von Heusinger, K., Portner, P. & Maienborn, C. eds. *Semantics: An International Handbook of Natural Language Meaning*[C]. Berlin: Mouton de Gruyter, 2008.

[172] Jaszczolt, K. Default Semantics[A]. In: Heine, B. & Narrog, H. eds. *The Oxford Handbook of Linguistic Analysis*[C]. Oxford: Oxford University Press, 2009a.

[173] Jaszczolt, K. Post-Gricean pragmatics[A]. In: Cummings, L. ed. *The Routledge Pragmatics Encyclopedia*[C]. London: Routledge,

2009b.

[174] Jaszczolt, K. Defaults in utterance interpretation [A]. In: Cummings, L. ed. *The Routledge Pragmatics Encyclopedia* [C]. London: Routledge, 2009c.

[175] Jaszczolt, K. Propositional attitudes[A]. In: Cummings, L. ed. *The Routledge Pragmatics Encyclopedia* [C]. London: Routledge, 2009d.

[176] Jaszczolt, K. Semantics-pragmatics interface[A]. In: Cummings, L. ed. *The Routledge Pragmatics Encyclopedia* [C]. London: Routledge, 2009e.

[177] Jaszczolt, K. Intentionality [A]. In: Cummings, L. ed. *The Routledge Pragmatics Encyclopedia* [C]. London: Routledge, 2009f.

[178] Jaszczolt, K. *Representing Time: An Essay on Temporality as Modality*[M]. Oxford: Oxford University Press, 2009g.

[179] Kamp, H. A theory of truth and semantic representation[A]. In: Groenendijk, J., Janssen, T. H. & Stokhof, M. eds. *Formal Methods in the Study of Language*[C]. Gronningen: Amsterdam, 1981.

[180] Kamp, H. & Reyle, U. *From Discourse to Logic*[M]. Dordrecht: Kluwer, 1993.

[181] Kärkkäinen, E. *Epistemic Stance in English Conversation* [M]. Amsterdam: John Benjamins, 2003.

[182] Karp, I. Agency and social theory: a review of Anthony Giddens [J]. *American Ethnologist*, 1986 (1).

[183] Katz, A. Discourse and sociocultural factors in understanding nonliteral language [A]. In: Herbert, C. & Katz, A. eds. *Figurative Language Comprehension* [C]. Lawrence Erlbaum: Mahwah, 2005.

[184] Katz, J. J. *Propositional Structure and Illocutionary Force: A*

Study of the Contribution of Sentence Meaning to Speech Acts[M]. New York: Crowell, 1977.

[185] Kecskes, I. Dueling context: a dynamic model of meaning[J]. *Journal of Pragmatics*, 2008 (3).

[186] Kemp, J. A. *John Wallis's Grammar of the English Language* [M]. London: Longman, 1972.

[187] Kempson, R. M. *Presupposition and the Delimitation of Semantics*[M]. Cambridge: Cambridge University Press, 1975.

[188] Kempson, R. M. Presupposition, opacity, and ambiguity[A]. In: Dinneen, D. & Oh, C. K. eds. *Syntax and Semantics* 11: *Presupposition*[C]. New York: Academic Press, 1979.

[189] Kempson, R. M. Ambiguity and the semantics-pragmatics distinction[A]. In: Travis, C. ed. *Meaning and Interpretation* [C]. Oxford: Blackwell, 1986.

[190] Kenneth, G. W. *The Columbia Guide to Standard American English*[M]. Columbia: Columbia University Press, 1993.

[191] Kerkhof, J. *Studies in the Language of Geoffrey Chaucer*[M]. Leiden: Leiden University Press, 1982.

[192] Kilpio, M. *Passive Constructions in Old English Translations from Latin*[M]. Helsinki: Societe Neophilologique, 1989.

[193] Klinge, A. The English modal auxiliaries: from lexical semantics to utterance interpretation[J]. *Journal of Linguistics*, 1993 (29).

[194] Krahmer, E. & Muskens, R. Negation and disjunction in discourse representation theory[J]. *Journal of Semantics*, 1995 (12).

[195] Kratzer, A. The notional category of modality[A]. In: Eikmeyer, H. J. & Rieser, H. eds. *Words, Worlds and Contexts: New Approaches in Word Semantics*[C]. Berlin: de Gruyter, 1981.

[196] Krug, M. *Emerging English Modals: A Corpus-based Study of Grammaticalization* [M]. Berlin and New York: Mouton de Gruyter, 2000.

[197] Kuhn, S. M. & Reidy, J. *Middle English Dictionary*[M]. Ann Arbor: University of Michigan Press, 1963.

[198] Leech, G. *Semantics*[M]. London: Penguin, 1974.

[199] Leech, G. *Principles of Pragmatics*[M]. London: Longman, 1983.

[200] Lehmann, C. *Thoughts on Grammaticalization*[M]. Munich: Lincom Europa, 1995.

[201] Levinson, S. *Pragmatics*[M]. Cambridge: Cambridge University Press, 1983.

[202] Levinson, S. Three levels of meaning[A]. In: Palmer, F. ed. *Grammar and Meaning*[C]. Cambridge: Cambridge University Press, 1995.

[203] Levinson, S. *Presumptive Meanings: The Theory of Generalized Conversational Implicature*[M]. Cambridge: MIT Press, 2000.

[204] Levinson, S. Cognition at the heart of human interaction[J]. *Discourse Studies*, 2006 (1).

[205] Lewis, D. Languages and language[A]. In: Geirsson, H. & Losonsky, M. eds. *Readings in Language and Mind*[C]. Oxford: Blackwell, 1996.

[206] Lew, R. Towards a taxonomy of linguistic jokes[J]. *Stidia Anglica Posnaniensia*, 1997 (31).

[207] Li, Renzhi. *Modality in English and Chinese: a Typological Perspective*[D]. PhD dissertation, Antwerp: University of Antwerp, 2003.

[208] Lightfoot, D. J. Can the lexicalization/grammaticalization distinction be reconciled? [J]. *Studies in Language*, 2005 (29).

[209] Ludlow, P. *Semantics, Tense, and Time: An Essay in the Metaphysics of Natural Language*[M]. Cambridge, Mass: MIT Press, 1999.

[210] Lyons, J. Semantics[M]. Cambridge: Cambridge University

Press, 1977.

[211] Malinowski, B. The problem of meaning in primitive languages [A]. In: Ogden, C. & Richards, I. A. eds. *The Meaning of Meaning*[C]. London: Routledge & Kegan Paul, 1923.

[212] Marchese, L. *Tense/Aspect and the Development of Auxiliaries in the Kru Language Family*[M]. Arlington: SIL-Universitiy of Texas Press, 1986.

[213] Mattoso, C. *Uma Forma Verbal Portuguesa*[M]. Rio: Acadêmica, 1956.

[214] Mayorga, S. Y. *A Study of Auxiliary Verbs in Mandarin Chinese* [D]. PhD dissertation, Florida: The Florida State University, 1979.

[215] McDonald, C. *Variation in the Use of the Modal Verbs with Special Reference to Tyneside English* [D]. PhD dissertation, Newcastle: University of Newcastle, 1981.

[216] McMahon, A. M. S. *Understanding Language Change* [M]. Cambridge: Cambridge University Press, 1994.

[217] Mey, J. *Pragmatics: An Introduction*[M]. Oxford: Blackwell, 2001.

[218] Mikučionis, U. Some Remarks on the Semantics of the Norwegian Modal Verbs[J]. 2007. Available at http://web.fu-berlin.de/phin/phin42/p42t3.htm

[219] Mishoe, M. *An Analysis of the Sociopragmatics of Multiple Modal Use in Sections of North and South Carolina*[D]. Master's Thesis, South Carolina: University of South Carolina, 1991.

[220] Montgomery, M. & Nagle, S. Double modals in Scotland and the Southern United States: Trans-Atlantic inheritance or independent development? [J]. *Folia Linguistica Historica*, 1993 (14).

[221] Muskens, R. Anaphora and the logic of change[A]. In: van

Eijck, J. ed. *JELIA' 90, European Workshop on Logics in AI* [C]. Berlin: Springer, 1991.

[222] Muskens, R., van Benthem, J. & Visser, A. Dynamics[A]. In: van Benthem, J. & ter Meulen, A. eds. *Handbook of Logic and Language* [C]. Amsterdam: Elsevier & Cambridge: MIT Press, 1997.

[223] Norén, K. & Linell, P. Meaning potentials and the interaction between lexis and contexts: An empirical substantiation [J]. *Pragmatics*, 2007 (3).

[224] Nuyts, J., Byloo, P. & Diepeveen, J. *On Deontic Modality, Directivity, and Mood: A Case Study of Dutch Mogen and Moeten*[M]. Wilrijk: Antwerp Papers in Linguistics 110, 2005.

[225] Palmer, F. R. *Modality and the English Modals* [M]. London: Longman Press, 1979.

[226] Palmer, F. R. *Mood and Modality*[M]. Cambridge: Cambridge University Press, 2001.

[227] Papafragou, A. *Modality: Issues in the Semantics-Pragmatics Interface*[M]. Amsterdam: Elsevier, 2000.

[228] Papafragou, A. & Musolino, J. Scalar implicatures: experiments at the semantics-pragmatics interface[J]. *Cognition*, 2003 (86).

[229] Parikh, P. A game-theoretic account of implicature [A]. In: Moses, Y. ed. *Proceedings of the Fourth Conference on Theoretical Aspects of Rationality and Knowledge*[C]. Monterey, CA, 1992.

[230] Parikh, P. Radical semantics: A new theory of meaning [J]. *Journal of Philosophical Logic*, 2006 (35).

[231] Parikh, P. & Clark, R. An introduction to Equilibrium Semantics for natural language[A]. In: Pietarinen, A. V. ed. *Game Theory and Linguistic Meaning*[C]. Elsevier, 2007.

[232] Parikh, P. *Language and Equilibrium*[M]. Cambridge: The MIT

Press, 2010.

[233] Parsons, T. *Events in the Semantics of English: A Study in Subatomic Semantics*[M]. Cambridge, Mass: MIT Press, 1990.

[234] Partee, B. H. Montague grammar and transformational grammar [J]. *Linguistic Inquiry*, 1975 (6).

[235] Partee, B. H. *Compositionality in Formal Semantics: Selected Papers of Barbara Partee* [M]. Oxford: Blackwell Publishers, 2004.

[236] Peregrin, J. *Doing Worlds with Words*[M]. Dordrecht: Kluwer, 1995.

[237] Perkins, M. R. *Modal Expressions in English* [M]. ABLEX Publishing Corporation, 1983.

[238] Pertejo, P. N. Be going to + infinitive: origin and development [J]. *Studia Neophilologica*, 1999 (71).

[239] Pietarinen, A. V. An invitation to language and games[A]. In: Pietarinen, A. V. ed. *Game Theory and Linguistic Meaning*[C]. Oxford: Elsevier Science, 2007.

[240] Pietarinen, A. V. Pragmaticism revisited: co-evolution and the methodology of social sciences[J]. *Cognition*, 2013 (1).

[241] Pratt, I. & Francez, N. Temporal prepositions and temporal generalized quantifiers [J]. *Linguistics and Philosophy*, 2001 (24).

[242] Poplack, S. & Tagliamonte, Sali. The grammaticization of going to in (African American) English[J]. *Language Variation and Change*, 2000 (11).

[243] Potts, C. *The Logic of Conventional Implicatures*[M]. Oxford: Oxford University Press, 2005.

[244] Pullum, G. & Wilson, D. Autonomous syntax and the analysis of auxiliaries[J]. *Language*, 1977 (53).

[245] Quirk, R., Greenbaum, S., Leech, G. & Svartvik, J. *A*

Comprehensive Grammar of the English Language[M]. London: Longman, 1985.

[246] Recanati, F. What is said[J]. *Synthese*, 2001 (128).

[247] Recanati, F. Does linguistic communication rest on inference? [J]. *Mind and Language*, 2002a (17).

[248] Recanati, F. Unarticulated constituents [J]. *Linguistics and Philosophy*, 2002b (25).

[249] Recanati, F. Embedded implicatures[J]. *Philosophical Perspectives*, 2003 (17).

[250] Recanati, F. What is said and the semantics/pragmatics distinction[A]. In: Bianchi, C. ed. *The Semantics/Pragmatics Distinction*[C]. Stanford: CSLI Publications, 2004a.

[251] Recanati, F. *Literal Meaning* [M]. Cambridge: Cambridge University Press, 2004b.

[252] Ross, I. *Games Interlocuters Play: New Adventures in Compositionality and Conversational Implicature* [D]. PhD dissertation, Pennsylvania: University of Pennsylvania, 2006.

[253] Russell, B. On denoting[J]. *Mind*, 1905 (14).

[254] Russell, B. *Essays in Analysis*[M]. Lackey D. ed. London: Open Court, 1973.

[255] Saussure, F. D. *Course in General Linguistics* [M]. London: Duckworth, 1983.

[256] Schiffer, S. R. *Meaning*[M]. Oxford: Clarendon Press, 1972.

[257] Sciabarra, C. M. Reply to Roderick Long: dialectical libertarianism[J]. *The Journal of Ayn Rand Studies*, 2002 (2).

[258] Searle, J. *Speech Acts: An Essay in the Philosophy of Language* [M]. Cambridge: Cambridge University Press, 1969.

[259] Seuren, P. A. M. *Discourse Semantics*[M]. Oxford: Blackwell, 1985.

[260] Sinclair, J. *Trust the Text: Language, Corpus and Discourse*

[M]. London and New York: Routledge, 2004.

[261] Sperber, D. & Wilson, D. *Relevance: Communication and Cognition*[M]. Oxford: Blackwell, 1995.

[262] Stalnaker, R. Pragmatic presuppositions[A]. In: Milton, M. & Peter, U. eds. *Semantics and Philosophy*[C]. New York: New York University Press, 1974.

[263] Stalnaker, R. Saying and meaning, cheap talk and credibility [A]. In: Benz, A., Jäger, G. & van Rooij, R. eds. *Game Theory and Pragmatics*[C]. Palgrave MacMillan, 2005.

[264] Strawson, P. F. Intention and convention in speech acts[J]. *The Philosophical Review*, 1964 (4).

[265] Sweetser, E. *From Etymology to Pragmatics: Metaphorical and Cultural Aspects of Semantic Structure* [M]. Cambridge: Cambridge University Press, 1990.

[266] Trask, R. L. *A Student's Dictionary of Language and Linguistics* [M]. London: Arnold, 1997.

[267] Tsang, Chui. Kim. *A Semantic Study of Modal Auxiliary Verbs in Chinese*[D]. PhD dissertation, Stanford: Stanford University, 1981.

[268] Turner, K. *A Unified Description of the Systematic Nature of Double Modals*[D]. Masters thesis, Alabama: The University of Alabama, 1981.

[269] van der Auwera, J. & Plungian, V. Modality's semantic map[J]. *Linguistic Typology*, 1998 (2).

[270] Vermeulen, C. F. M. Sequence semantics for dynamic predicate logic[J]. *Journal of Logic Language and Information*, 1993 (2).

[271] Verstraete, J. C. Subjective and objective modality: Interpersonal and ideational functions in the English modal auxiliary system[J]. *Journal of Pragmatics*, 2001 (33).

[272] Visconti, J. On the origins of scalar particles in Italian[J].

Journal of Historical Pragmatics, 2005 (2).

[273] von Fintel, K. Modality and language[A]. In: Borchert, D. M. ed. *Encyclopedia of Philosophy* [C]. Detroit: MacMillan Reference USA, 2006. Available at http://mit. edu/fintel/fintel-2006-modality.pdf.

[274] von Wright, G. H. Deontic logic[J]. *Mind*, 1951 (60).

[275] Werth, P. Remote worlds: the conceptual representation of linguistic world[A]. In: Nuyts, J. & Pederson, E. eds. *Language and Conceptualization*[C]. Cambridge: CUP, 1997.

[276] Wilson, D. & Sperber, D. Relevance theory[A]. In: Horn, L. & Ward, G. eds. *The Handbook of Pragmatics* [C]. Oxford: Blackwell, 2004.

[277] Wischer, I. Markers of futurity in old English and the grammaticalization of shall and will [J]. *Studia Anglica Posnaniensia*, 2006 (42).

[278] Wittgenstein, L. *Tractatus Logico-Philosophicus*[M]. Ogden, C. K. translated. New York: Routledge, 1922.

[279] Zeevat, H. A compositional approach to discourse representation theory[J]. *Linguistics and Philosophy*, 1989 (12).

索　引